Ich brauchte die Gewalt

SHORTI S., HEIKE LEYE,
KLAUS PRIESTERSBACH

»Ich brauchte die Gewalt.«

Ein ehemaliger Intensivstraftäter und
eine Anti-Gewalt-Trainerin im Gespräch

Bibliografische Information der Deutschen Nationalbibliothek
Die Deutsche Nationalbibliothek verzeichnet diese Publikation in der Deutschen Nationalbibliografie; detaillierte bibliografische Daten sind im Internet über http://dnb.d-nb.de abrufbar.

© 2020 Heike Leye

TWENTYSIX – der Self-Publishing-Verlag
Eine Kooperation zwischen der Verlagsgruppe Random House und BoD – Books on Demand

Satz, Herstellung und Verlag:
BoD – Books on Demand, Norderstedt
ISBN 978-3-7407-6785-3

Inhalt

Vorwort	7
1. Treffen: Kindheit	10
2. Treffen: Eltern und Schulzeit	22
3. Treffen: Schulzeit und Drogen	29
4. Treffen: Fußball, erste Anzeigen und Helfersysteme	40
5. Treffen: Untersuchungshaft	47
6. Treffen: JVA Siegburg	57
7. Treffen: Gewalt im Gefängnis	65
8. Treffen: Leben in der JVA	76
9. Treffen: Eigene Prozesse	88
10. Treffen: Erneute Inhaftierung	94
11. Treffen: Zeitstrahl	104
12. Treffen: Einrichtung für straffällig gewordene Männer	112
13. Treffen: Endstation JVA Bochum	122

14. Treffen: Therapievorbereitung und Veränderung   131

15. Treffen: Therapievorbereitung   142

16. Treffen: Zurück in der Freiheit   149

17. Treffen: Ziele, Liebe und ein neues Leben   156

18. Treffen: Umgang mit Provokationen   165

19. Treffen: Reflexionstreffen   171

20. Treffen: Der ehemalige Bewährungshelfer erzählt   175

Vorwort

Wie dieses Buchprojekt zustande kam:

Als Anti-Gewalt-Trainerin habe ich etliche Trainings für straffällig gewordene Jugendliche und junge Erwachsene durchgeführt. Alle Teilnehmer haben Körperverletzungsdelikte begangen und damit einen besonderen Bezug zum Thema Gewalt. Im Training lernen sie, sich mit ihren Taten und ihren Opfern auseinanderzusetzen. Sehr wichtig ist dabei Empathie, die Fähigkeit, sich in andere Menschen einzufühlen. Sie soll erzeugt und gefördert werden, um die Hemmschwelle für weitere Straftaten hochzusetzen. Es geht darum, Verantwortung für das eigene Handeln zu übernehmen. Auch Teamwork ist wichtig. In einem klar umfassten und wertschätzendem Setting lernen die Teilnehmer, sich zu unterstützen, denn viele sind Einzelkämpfer und haben Probleme, anderen Menschen zu vertrauen.

Shorti wurde oft als spezieller Gast am Ende der mehrmonatigen Trainings von meinem Kollegen Klaus Priestersbach eingeladen, da Shorti selbst jahrelang Gewalt ausgeübt hat. Mein Kollege von der Bewährungshilfe hat ihn zehn Jahre lang in der Funktion als Bewährungshelfer begleitet und seine Entwicklung mitbekommen, weil Shorti früher Intensivstraftäter war.

Er hat viele Körperverletzungen, Drogenhandel und auch Raubüberfälle begangen und wurde mit vierzehn Jahren das erste Mal inhaftiert. Insgesamt hat er zehn Jahre mit Unterbrechungen in unterschiedlichen Gefängnissen verbracht und war kurz davor, in Sicherheitsverwahrung[1] zu kommen.

---

1 Vgl. Wikipedia (Dezember 2019): „Die **Sicherungsverwahrung** oder **Sicherheitsverwahrung**[1] ist eine freiheitsentziehende Maßregel

Bis er eine Entscheidung traf: Er hat sich entschieden, Verantwortung für sich zu übernehmen, an sich zu arbeiten und sich ein straffreies Leben aufzubauen. Dies tut er nun seit vielen Jahren erfolgreich.

Shorti hat lange überlegt, ob das Buch mit seinem richtigen Namen oder unter einem Pseudonym veröffentlicht werden soll. Um seinen Sohn, seine Familie und auch sich zu schützen, hat er sich für das Pseudonym entschieden.

Ich konnte Shorti über mehrere Jahre begleiten. Er hat sich als Spezialist für das Thema Gewalt erwiesen. Wenn er von sich erzählt, erreicht er die Jugendlichen und jungen Erwachsenen auf einer anderen Ebene. Er hat sofort einen Zugang zu ihnen und wird respektiert, weil er einer von ihnen ist.

An Shorti fasziniert mich, wie reflektiert er ist. Er ist klar, hat ein Ziel und er zieht seine Entscheidung, straffrei zu leben, durch.
   Die Jugendlichen hören ihm zu. Durch seine Erfahrungen kann er ihnen helfen, manch einen Fehler zu vermeiden. Vor allem zeigt er ihnen, dass sie auch Verantwortung für sich übernehmen können und müssen.
   Er hinterfragt die Jugendlichen, erzählt ehrlich und offen von sich und seinen Erlebnissen und schafft es, sich offen und authentisch zu reflektieren. Er hat ein gutes Standing und setzt auch Grenzen.

---

der Besserung und Sicherung im deutschen Strafrecht. Sie soll dazu dienen, die Allgemeinheit vor gefährlichen Straftätern zu schützen, und hat somit Präventivfunktion. Im Gegensatz zur Freiheitsstrafe knüpft die Sicherungsverwahrung einzig an die Gefährlichkeit des Straftäters für die Allgemeinheit an. Diese Gefährlichkeit muss in einer Prognose festgestellt werden und sich zuvor in einer besonders schweren Straftat geäußert haben."

Alle Jugendlichen, die ich erlebt habe, haben sehr von seinem Besuch und seinen Erzählungen profitiert und noch mal anders angefangen, über sich selbst und ihr Leben nachzudenken.

Anfang Dezember habe ich Shorti gefragt, ob er mir ein Interview für ein Buchprojekt geben möchte, was ich zu diesem Zeitpunkt bereits grob konzipiert hatte. Es sollte das Thema Gewalt behandeln. Shorti war sofort dabei, er wollte aber noch mehr. Er wollte mit mir ein Buch über sich, sein Leben und seine Geschichte schreiben.

So ist unsere Zusammenarbeit entstanden, die sich von einem typischen Beratungssetting unterscheidet und auf Augenhöhe und in einem freiwilligen Kontext stattfindet.
 Es geht um Shorti, um seine Erfahrungen, seine Gefühle, seine Wünsche und seine Fähigkeiten, einen Schnitt zu machen und ein neues Leben zu beginnen. Mit allen Hürden, Unsicherheiten und Schwierigkeiten, die dazugehören.
 Er gibt Einblicke in sein zum Teil sehr brutales Leben und nennt die Dinge beim Namen. Er schaut schonungslos auf die Situationen, die ihn belastet haben und die ihn auch heute noch beschäftigen.

Es sind Begegnungen und Gespräche zwischen ihm, der sich mit dem Leben auf der Straße und dem Überleben im Gefängnis auskennt, und mir als Anti-Gewalt-Trainerin. Wir sind also beide auf unterschiedliche Weise Spezialisten, wenn es um das Thema Gewalt geht.
 Ich gebe anhand von Shortis Geschichte vereinzelt theoretische Inputs aus meiner Arbeit und meinem Wissensschatz.

1. Treffen: Kindheit

Es ist ein grauer und ungemütlicher Februartag. Ich gehe durch Remscheid. Die Stadt ist verlassen und wirkt wenig einladend.

Shorti wartet schon auf mich in einem Eiscafé. Er hat sich trotz des kalten Wetters ein Spaghettieis bestellt. Dies hat eine besondere Bedeutung für ihn, die später noch erläutert wird.

Es ist das erste Treffen, bei dem es um ihn und seine Geschichte geht.

Wir sitzen also bei Tee und Spaghettieis zusammen und fangen an zu reden.

Ich möchte von Shorti wissen, warum er mit mir ein Buch über seine Geschichte schreiben möchte.

Shorti: »Mir ist es wichtig, die Leute zu erreichen. Ich möchte vor allem die Eltern erreichen. Sie sollen sich selbst hinterfragen, was sie selbst falsch machen und was sie ihren Kindern mit auf den Weg geben können. Ich möchte aber auch die Jugendlichen erreichen und ihnen klar machen, dass sie die Chance haben, den Absprung zu schaffen.

Das Leben ist zu kurz, um seine Zeit zu verschenken. Ich denke oft über mich nach und wie viel Zeit ich verschenkt habe. Ich habe viel Selbstverständliches in meiner Jugend nicht mitbekommen, weil ich im Knast saß, zum Beispiel feiern gehen. Wenn Kollegen mir heute noch davon erzählen …, ich habe es nicht erlebt. Ich kann anderen Menschen durch meine Erzählungen vielleicht helfen, und darum geht's mir.«

Shorti erzählt von den letzten Wochen: »Auf das Buchprojekt hat meine Familie zum Teil schlecht reagiert. Die wollen vereinzelt nicht, dass ich das mache. Es gibt Familienangehörige, die stehen hinter mir, aber es gibt auch welche, die kommen gar nicht damit klar oder sind neidisch. Aber ich muss das machen. Für mich.«

Er wirkt entschlossen und hat auch hier gegen die Widerstände seiner Familie eine Entscheidung für sich getroffen.

Shorti: »Ich merke, dass ich schlechter schlafe, seitdem ich mich damit beschäftige. Manchmal habe ich Albträume und auch schlechte Laune. Erinnerungen kommen hoch. Aber das muss so sein und es ist okay für mich.«

Ich frage Shorti, worüber er gerne erzählen möchte. Er bestimmt die Themen und das Tempo. Er möchte von seiner Kindheit erzählen.

Shorti: »Ich bin hier in Remscheid aufgewachsen. Ich habe mit meinem Vater, meiner Mutter und meiner ein Jahr älteren Schwester zusammengelebt. Wir hatten auch einen Hund, einen Minipudel.

Wenn ich an meine Kindheit denke, so fällt mir nur eines ein: Stress und Streit. Ich habe erlebt, dass meine Eltern sich permanent gestritten und sich Vorwürfe gemacht haben. Ich hatte damals nicht die Eltern, die ich mir gewünscht hätte. Alkohol und Gewalt waren jahrelang ein Thema in meiner Familie, was mich sehr belastet hat und worüber ich mit niemandem reden konnte.

Ich habe häufig die Schuld bekommen und habe mich oft einsam und leer gefühlt.

Mein Vater war jahrelang Alkoholiker und war unberechenbar, sobald er alkoholisiert war. Dann hat er geschrien, wurde cholerisch und auch gewalttätig.

Meine Mutter hat sich nie getraut, etwas gegen ihn zu unternehmen. Sie hat sich zwar um uns gekümmert, aber geschützt hat sie uns nicht. Sie hatte eben Angst vor meinem Vater. Mein Vater hat meine Mutter geschlagen und angebrüllt. Ich habe es oft mitbekommen.

Das Schlimme war auch, es wurde alles totgeschwiegen. Ich wollte in dem Moment etwas sagen, konnte aber nicht. Meine Mutter hat oft geweint. Sie war hilflos. Sie war abhängig von meinem Vater. Auch finanziell. Sie konnte sich damals nicht lösen.

Als ich sieben oder acht Jahre alt war, habe ich sie gefragt: Warum trennst du dich nicht von Papa? Sie hat geantwortet, dass sie es wegen uns Kindern nicht tut. Das war einschneidend für mich. Sie hat mir die Verantwortung und die Schuld dafür gegeben. Es hat mich so verletzt. Aber ich konnte es keinem sagen.

Ich wollte es damals meinem Vater aber nicht recht machen. Mir war ganz klar, dass ich doch das Kind bin und dass das so nicht geht. Ich habe mich so unverstanden gefühlt und habe mich für meine Eltern damals geschämt.«

Ich möchte von Shorti wissen, ob er und seine Schwester auch vom Vater geschlagen wurden.

Shorti: »Er hat viel mehr gebrüllt und uns klein gemacht. Auf den Po hat er uns öfter geschlagen. Aber dann richtig heftig. Er hat uns oft beleidigt und mir gesagt, dass ich nichts hinkriegen würde und ein Nichtsnutz sei. Mal hat er uns auch geschubst.

Es hängt alles mit dem Alkohol zusammen. Wenn er getrunken hat, wurde er schlimm. Er war dann wie ausgewechselt.

Gewalt war in meiner ganzen Familie ein Thema. Ein anderes Familienmitglied hat seine Frau vor meinen Augen verletzt. Wir waren zusammen im Urlaub. Sie wollte etwas aus dem Auto holen. Er hat einfach die Tür vom Kofferraum zugemacht. Die Finger von ihr waren dazwischen. Er hat darüber gelacht. Ich war schockiert. Ich dachte, ihre Finger wären abgetrennt. Ich dachte, wie kann man so etwas machen? Mein Vater ist dann dazwischengegangen und hat ihr geholfen.

Die Schuld wurde immer auf die anderen abgewälzt. Ich habe auch oft die Schuld für irgendetwas bekommen.

Durch die schlimmen Erlebnisse, die ich mit meinem Vater in meiner Kindheit hatte, habe ich meinen Frust an anderen Kindern ausgelassen und habe diese einfach geschlagen.«

Ich frage nach, wie seine Familie mit den damaligen Wutausbrüchen des Vaters, dem Alkoholkonsum und der Gewalt generell umgegangen ist.

Shorti: »Es kam von meiner Familie überhaupt keine Unterstützung diesbezüglich. Ich konnte mit niemandem darüber reden. Einmal habe ich mit meinem Onkel darüber gesprochen. Er ist der Bruder meines Vaters. Er hat es meinem Vater erzählt. Mein Vater hat mich dann als Lügner dargestellt. Ich hätte eine falsche Wahrnehmung. Das war so entmutigend, ich habe danach nie wieder mit meiner Familie darüber gesprochen. Meine Oma hat ihren Sohn immer verteidigt. Es wurde alles legitimiert oder totgeschwiegen.

Mein Opa war im Krieg. Danach hat er ein paar Jahre Alkohol getrunken. Er hat sich aber Hilfe geholt und ist trocken geworden.

Meiner Meinung nach ist Gewalt dort, wo auch Alkohol getrunken wird. Ich habe mich dann immer mehr zurückgezogen. Manchmal wollte ich gar nicht mehr nach Hause gehen.

Es gab viele Situationen, in denen ich Angst hatte und mich nicht geschützt gefühlt habe. Ich habe Dinge in meiner Familie mitbekommen, die haben mich einfach nur schockiert. Weder meine Mutter noch mein Vater waren damals so für mich da, wie ich es gebraucht hätte.

In meiner Familie wurde alles totgeschwiegen. Die wirklichen Probleme konnten nicht miteinander besprochen werden.

Meine Tante und mein Onkel sind liebevoll mit ihren Kindern umgegangen. Ich habe diese Liebe damals nie erhalten. Es war wie eine andere Welt, in die ich wollte, aber keinen Zugang erhielt. Ich habe viele Morgen erlebt, an denen ich schon voller Angst aufgewacht bin.«

Ich frage Shorti, wie er seine Mutter in seiner Kindheit wahrgenommen und erlebt hat. Die Mutter ist ja meist die wichtigste Bindungsperson für ein Kind.

Shorti: »Wenn ich an meine Mutter zurückdenke, habe ich sie als schwache Person in Erinnerung. Sie hatte kein Selbstwertgefühl und war abhängig von meinem Vater. Sie hat grundsätzlich alles heruntergespielt und abgenickt. Sie hat immer versucht, es allen recht zu machen. Allen voran meinem Vater. Ich fand das armselig.«

Ich frage Shorti, ob er sich an schöne Momente mit seiner Mutter erinnern kann. Ich möchte wissen, ob es etwas gab, was nur die beiden miteinander geteilt und erlebt haben, wie ein bestimmtes Alltagsritual zum Beispiel.

Shorti überlegt: »Eigentlich nicht. Mir fällt nichts ein. Na ja, wenn wir einkaufen waren, habe ich immer das bekommen, was ich wollte. Ich habe das auch für mich ausgenutzt und natürlich darauf spekuliert. Sie hat oft versucht, mich zu kaufen.

Ansonsten … Sie hat leckeren Kartoffelsalat gemacht. Mehr fällt mir spontan nicht ein.«

Ich möchte mehr über Shortis Vater erfahren und frage ihn, wie er seinen Vater in der Kindheit noch wahrgenommen hat.

Shorti: »Mein Vater hat viel gearbeitet. Er hat auf dieser Ebene alles für seine Familie getan. Wir hatten genügend Geld, Möbel, Essen. Materielle Dinge eben. Er war stark und ein Macher. Gleichzeitig war er aber auch ein Macho. Im Haushalt hat er nichts getan. Das war die Aufgabe meiner Mutter. Er hat als Mann das Geld nach Hause gebracht und meine Mutter war für alles andere zuständig. Ich hatte Respekt vor ihm.«

Ich frage weiter, ob es auch schöne Erlebnisse mit dem Vater gibt, an die Shorti sich aus der Kindheit erinnern kann.

Shorti: »Eigentlich hatte ich keine schönen Erlebnisse mit meinem Vater. Die schönen Erlebnisse habe ich jetzt mit ihm, wo ich draußen bin und nicht mehr im Knast sitze. Wir waren zusammen auf der Essener Motorshow, und er hat mir geholfen, für den Führerschein zu lernen. Aber in meiner Kindheit? Ich kann mich nicht erinnern. Er war ja nie da. Und wenn er da war, gab es Streit und Ärger. Das ist schon heftig, dass mir spontan nichts Schönes einfällt.«

Ich möchte wissen, was Shorti sich von seinem Vater damals gewünscht hätte.

Shorti: »Ich hätte mir gewünscht, dass er mehr mit mir macht und sich mehr um mich kümmert, dass er mit mir spielt. Aber das habe ich damals wenig bekommen. Und ich konnte es ihm nicht sagen. Es wurde ja grundsätzlich alles totgeschwiegen. Wir haben nicht miteinander gesprochen.

Heute hat sich sehr viel verändert. Es sind ganz andere

Welten. Mein Vater und ich haben mittlerweile eine sehr gute Freundschaft, und die ist mir sehr wichtig. Heute reden wir miteinander und vertrauen uns gegenseitig Sachen an. Wir haben Respekt voreinander entwickelt. Mein Vater hat genau wie ich viel an sich gearbeitet. Meine Eltern sind heute dort, wo ich sie mir damals als Kind gewünscht hätte. Ich kann mich heute zu hundert Prozent auf meinen Vater verlassen und er sich auch auf mich.

Bei meiner Mutter hat sich auch sehr vieles getan. Auch auf sie kann ich mich verlassen und sie ist eine tolle Oma.

Wir haben auch eine Freundschaft zueinander entwickelt.

Für mich ist es heute so, dass eine Freundschaft wichtiger ist als ein typisches Eltern-Kind-Verhältnis. Ich wünsche mir für meinen Vater, dass er in den nächsten fünf, sechs Jahren seine Träume erfüllen kann. Für meine Mutter wünsche ich mir, dass sie noch lange lebt und gesund bleibt. Und auch, dass sie es schafft, NEIN zu sagen, und mehr Selbstvertrauen für sich entwickelt.«

Ich spüre, wie wichtig Shortis Eltern für ihn geworden sind und dass es ihm schwerfällt, die Erlebnisse von früher zu schildern. Er hat Loyalitätskonflikte, eben weil sich so vieles in seiner Familie verändert hat. Er unterscheidet richtigerweise zwischen damals und heute. Er möchte seinen Eltern keine Vorwürfe machen, aber hat gleichzeitig das Bedürfnis, die Erlebnisse zu schildern, die ihn jahrelang belastet haben und für die er kein Forum hatte. Meiner Meinung nach ist es wichtig, dass Shorti sich die Erlaubnis gibt, Klartext zu sprechen, weil auch dies Teil seiner Geschichte ist. Aus meiner Sicht hat er viel Gewalt in seiner Kindheit erlebt, und diese hat ihn maßgeblich geprägt.

Auch seine Eltern haben ihr Leben verändert. Durch den Verzicht auf Alkohol hat der Vater viel Verantwortung für sich übernommen und seinem Leben eine neue Richtung gegeben. Alkoholismus hat unterschiedliche Ausprägungen und ist eine Erkrankung, unter der alle Mitglieder einer Familie leiden. Auch der Konsument selbst. Der Konsum des Alkohols erfüllte damals auch für Shortis Vater seine Funktionen. Egal welche Sucht vorliegt, sie ist immer als Selbstheilungsversuch zu sehen, der aber nicht funktioniert, da er selbstzerstörerisch ist.

Aber seitdem ist viel passiert, und sowohl Shorti als auch die Eltern haben ihr Leben verändert.

Ich möchte erfahren, welche Rolle seine Schwester, die ja etwas älter als er ist, in seinem Leben spielt.

Shorti: »Meine Schwester war und ist stark. Sie hatte alles im Griff. Ich habe zu ihr aufgeschaut und bin nie an sie herangekommen. Sie war ein starker Gegner für mich. Sie hat immer die positive Aufmerksamkeit bekommen. Meine Eltern haben ihr diese Aufmerksamkeit gegeben, ich habe sie aber nicht bekommen. Sie hat ihren Weg gemacht und ihr Leben lief und läuft gut.

Ich war immer das schwarze Schaf der Familie. Teufel haben sie mich genannt. Ich habe oft die Schuld bekommen und konnte es meinen Eltern nicht recht machen. Ich wollte es ihnen auch nicht recht machen. Ich habe mich damals lästig gefühlt, wie das fünfte Rad am Wagen. Mir wurde unterstellt, ich würde lügen. Ich war die Schande der Familie. Ich habe mich oft einsam, leer und missverstanden gefühlt. Ich war unglücklich und traurig. Ich hatte Zweifel. Vor allem Selbstzweifel. Ich konnte zu anderen Menschen kein Vertrauen aufbauen und war viel allein. Ich habe mich oft allein beschäftigt.«

Das, was Shorti hier aus seinem eigenen Leben berichtet, ist typisch für Familien mit einer Suchtgeschichte oder psychisch kranken Erwachsenen. Es gibt unterschiedliche Rollenmuster, in die Kinder unbewusst gehen und unbewusst gedrängt werden.

Auch in Shortis Familie wird deutlich, wer welche Rollenmuster eingenommen hat und warum.

Aber zuerst sollen die einzelnen Rollen kurz erklärt werden.

Es gibt Kinder, die in der Rolle des Helden leben. Der Held ist oft das älteste Kind in der Familie. In Shortis Geschichte ist die Rolle des Helden durch die ältere Schwester besetzt. Sie ist angepasst, fällt nicht negativ auf. Sie ist gut in der Schule, hilfsbereit und übernimmt auch Aufgaben zu Hause, um die Eltern zu entlasten und nicht negativ aufzufallen. Dafür erfährt sie von der Familie Anerkennung und ist beliebt.

Kinder in dieser Rolle übernehmen schon früh Verantwortung und sorgen sich oft um die Eltern. Oft sind die Rollen vertauscht und es findet eine Parentifizierung statt, d. h., dass die Kinder in die Elternrolle gehen und sich um die Eltern sorgen.

Der Vorteil dieser Rolle ist Anerkennung, Beliebtheit und positive Aufmerksamkeit. Der Nachteil ist, dass die Kinder früh Verantwortung tragen, oft perfektionistisch sind und ihre eigenen Bedürfnisse vergessen. Sie fühlen sich einsam und können es nicht sagen. Manchmal werden sie auch in die Beziehungsdynamik der Eltern mit hineingezogen und können auf einer emotionalen Ebene als Ersatzpartner von den Eltern unbewusst missbraucht werden.

Der Held hält die Fassade nach außen aufrecht. Schaut man in sein Gefühlsleben, so fühlt er sich oft schlecht. Der Held hat eine Funktion für die Familie: Er schafft ihr durch seine Leistungen einen Wert.

Die zweite Rolle wird durch das schwarze Schaf besetzt, oft durch das zweitgeborene Kind in einer Familie. Diese Rolle wird dann unbewusst eingenommen, wenn die Rolle des Helden schon belegt ist.

Shorti hat diese Rolle eingenommen, denn in der Rolle des Helden befand sich bereits seine ältere Schwester.

Wenn die schwarzen Schafe keine positive Aufmerksamkeit bekommen, dann suchen sie eben mit allen Mitteln nach negativer Aufmerksamkeit. Das ist besser für sie, als gar keine Aufmerksamkeit zu erhalten. Das schwarze Schaf handelt oft verantwortungslos und selbstzerstörerisch. Es hat Schulprobleme, die Mädchen werden oft früh schwanger, Jungen werden im Teenageralter zu Vätern. Das schwarze Schaf ist voller Wut und verhält sich aggressiv. Es konsumiert oft missbräuchlich Alkohol und Drogen.

Von der Familie erhält es für sein Verhalten nur negative Aufmerksamkeit. Es sucht Erfolge unter Gleichaltrigen. Dort setzt es das selbstzerstörerische Verhalten fort: Alkohol, Drogen, Schlägereien und kriminelle Handlungen sind an der Tagesordnung. Das schwarze Schaf ist auf der Suche nach Erfolgen. Die Freundschaften sind hier allerdings eher oberflächlich.

Die Vorteile der Rolle des schwarzen Schafes sind, dass es nach außen hin selbstbewusst auftreten kann, es macht sein Ding und schwimmt gegen den Strom. Es kann viel Druck aushalten. Es hat die Fähigkeit, belastbarer als andere zu sein. Zudem ordnet es sich nicht so leicht unter.

Die Nachteile sind, dass es Selbstzweifel hat, sich nach Liebe und aufrichtiger und positiver Aufmerksamkeit sehnt und viele Frustrationserlebnisse hat.

Für die Familie hat das schwarze Schaf eine wichtige Funktion: Es lenkt mit seinem negativen Verhalten von den Problemen in der Familie ab. Wenn es ein schwarzes Schaf gibt, das ständig Mist baut, muss sich die Familie nicht mit ihren Problemen beschäftigen.

Die dritte Rolle ist die Rolle des stillen Kindes. Auch in dieser Rolle findet sich Shorti mit seiner Schwester zumindest phasenweise wieder. Die Rollen können wechseln, und Kinder können auch mehrere Rollen besetzen.

Das stille Kind ist oft das Drittgeborene. Wenn alle anderen Rollen schon besetzt sind, zieht es sich zurück. Es ist verträumt und eher ein Einzelgänger. Es ist viel für sich allein und fühlt sich einsam. Auf der emotionalen Ebene ist das Kind vernachlässigt. Um diese Einsamkeit zu kompensieren, kann es eine schnelle Bedürfnisbefriedigung in Fernsehen, Essen und auch Suchtmitteln suchen. Das stille Kind verhält sich ruhig, schüchtern und angepasst. Es stellt keine Anforderungen und geht Konflikten aus dem Weg. Es hat Schwierigkeiten, ernste und aufrichtige Freundschaften zu schließen.

Die Vorteile der Rolle des stillen Kindes sind, dass es sich mit sich allein beschäftigen kann und auch muss. Es ist für Familienangehörige, Lehrer und Betreuer angenehm, da es nicht auffällt.

Der Nachteil ist die Einsamkeit. Ehrliche Beziehungen, zu denen auch Konflikte gehören, kennt das stille Kind aus der Familie nicht.

Für das Familiensystem hat auch diese Rolle eine wichtige Funktion: Es ist eine Entlastung, weil es weder positive noch negative Aufmerksamkeit für sich benötigt. Es braucht keinen Raum, weil es so genügsam wirkt. Durch seinen Rückzug bekommt das stille Kind nicht alle Probleme der Familie mit.

Die letzte Rolle ist die des Clowns. Der Clown kann der Nachkömmling sein, muss es aber nicht zwingend sein. Der Clown wird oft behütet und ihm werden Attribute wie süß, schwach und klein zugeschrieben. Der Clown erfährt nichts von den wirklichen Problemen in der Familie. Er spürt diese aber und hat sensible Antennen. Dadurch entwickelt der Clown oft Ängste. Um diese zu kompensieren, versucht er, alle zum Lachen zu bringen und zu unterhalten. Er versteckt somit seine Angst hinter einer lustigen Fassade. Der Clown kann positive Aufmerksamkeit durch seinen Humor erhalten, aber auch negative Aufmerksamkeit durch ein aufgedrehtes und nervöses Verhalten.

Der Clown hat auch eine Funktion für das Familiensystem: Er löst die Spannungen, bringt alle zu Lachen oder unterhält die Familie und lenkt somit auch von den tieferen und eigentlichen Problemen in der Familie ab.

Von dieser Rolle grenzt Shorti sich in unserem Gespräch ab und kann sie nicht auf sich und seine Familie beziehen. Er sagt dazu: »Bei uns wurde nie viel gelacht.«

Diese Rollenmuster kommen in **allen** Familien in Stresszeiten vor. Bei Familien mit Suchtproblematiken oder in Familien, in denen zumindest ein Elternteil psychisch erkrankt ist oder es viel Gewalt gibt, werden diese Rollen fast permanent von den Kindern ausgefüllt. Je stärker die Probleme in einer Familie sind und je länger die Probleme andauern und auch anwachsen, desto intensiver nehmen Kinder diese Rollen ein. Das geht bis zur kompletten Zwanghaftigkeit eines Rollenmusters.

Diese Rollen sind unbewusst und erfüllen alle einen Zweck: das Familiensystem zum emotionalen Überleben zu stabilisieren.

2. Treffen: Eltern und Schulzeit

Es sind einige Wochen vergangen. Das Wetter ist freundlicher und einladender. Die Sonne scheint.

Wir treffen uns ins Shortis Wohnung in Remscheid. Sein kleiner Sohn und sein jugendlicher Stiefsohn sind auch dort. Ebenso seine Haustiere, ein wirklich großer Hund und eine Katze. Der Hund namens Bär stürmt bellend auf mich zu und springt mich an. Nachdem der Hund erkennt, dass ich kein böser Eindringling bin und ihm das Leckerchen in meiner Hand auch tatsächlich gebe, entspannt er sich – und ich mich auch.

Nachdem wir einige Zeit miteinander gesprochen haben – Shortis kleiner Sohn läuft munter umher und denkt sich immer wieder neue Spiele aus –, wenden wir uns wieder Shortis Kindheit zu.

Shortis Erzählungen nach zu urteilen, schien seine Mutter eingeschüchtert gewesen zu sein. Die ganze Familie hat unter der Unberechenbarkeit des Vaters gelitten.

Mich interessiert, ob Shortis Eltern nach wie vor zusammenleben und verheiratet sind.

Shorti: »Nein. Als ich ungefähr zwölf Jahre alt war, ist meine Mutter einfach abgehauen. Sie ist nach Bayern gegangen. Ich wusste es nicht. Ich habe sie Monate nicht erreicht und gesprochen.«

Mich interessiert, wie er den plötzlichen Weggang seiner Mutter wahrgenommen hat.

Shorti: »Es ist alles schlimmer geworden. Ich war noch wütender als vorher. Mir war alles scheißegal. Ich bin aggressiver geworden. Ich war sehr enttäuscht. Wie konnte sie einfach abhauen und uns zurücklassen? Weihnachten wollte sie eigentlich zurückkommen. Meine Schwester und ich haben auf sie gewartet und haben uns gefreut. Sie kam aber nicht und hat sich auch nicht bei uns gemeldet.«

Diese Erfahrung, als Kind zurückgelassen worden zu sein und keine Information von der Mutter zu bekommen, war sehr verletzend für Shorti. Er muss das Gefühl gehabt haben, dass er seiner Mutter nicht wichtig war.
Ich frage ihn, ob er weiß, warum sie einfach gegangen ist.

Shorti: »Ich denke wegen dem Stress und der Gewalt durch meinen Vater und seinen damaligen Alkoholkonsum. Sie konnte es bestimmt nicht mehr aushalten. Mein Vater erzählte, dass sie ihn betrogen, belogen und Geld unterschlagen hätte. Ich weiß es nicht. Lügen sind ein großes Thema in meiner Familie. Selbst heute vertraue ich nicht allen. Meine Schwester und ich sind dann erstmal bei meinem Vater geblieben.«

Ich frage weiter nach, ob es Menschen gab, die ihn in dieser Zeit unterstützt haben.

Shorti: »Ja, meine beiden Omas. Beide haben mir Halt gegeben. Ich konnte mich bei ihnen wohlfühlen. Sie haben auch für mich gekocht und mir Geld gegeben. Ich habe mich bei beiden wohlgefühlt, auch wenn ich wusste, dass sie oft zu meinem Vater hielten.«

Es ist viel passiert zwischen Shorti und seiner Mutter, und mich interessiert, wie das Verhältnis der beiden heute zueinander ist.

Shorti: »Gut. Viel besser auf jeden Fall. Sie versucht, vieles von früher gutzumachen. Was natürlich nicht geht. Sie ist aber da, wenn ich sie brauche, sie gibt mir Rat und passt fast täglich auf meinen Sohn auf, wenn meine Freundin und ich arbeiten müssen.

Ich kann ihr auf jeden Fall mehr vertrauen. Aber nicht zu hundert Prozent. Sie kann zum Beispiel wenig für sich behalten und plaudert vieles aus. Ich würde mir wünschen, dass sie vertrauliche Informationen für sich behält.«

Heute sehen sich beide fast jeden Tag, die Mutter unterstützt Shorti in ihrer Rolle als Oma und ist für seine kleine Familie da. Ich möchte wissen, was sich verändert hat und ab welchem Zeitpunkt das Verhältnis zur Mutter wieder besser geworden ist.

Shorti: »Ab dem Zeitpunkt, wo ich inhaftiert wurde und im Gefängnis war. Meine Mutter hat mich oft besucht, einen Anwalt gestellt. Sie hat viel Geld für mich ausgegeben und sie war da. Trotzdem war unser Verhältnis zu diesem Zeitpunkt noch angespannt und unsicher. Ich habe mich oft gefragt: Ist es richtig oder falsch? Soll ich den Kontakt zu ihr halten oder abbrechen? Meine Mutter und mein Vater sind oft übereinander hergezogen. Ich saß zwischen den Stühlen und wollte das alles gar nicht hören … Es war für mich echt keine Kindheit. So viel Streit. Es war die Hölle. Ich konnte kein Kind sein.«

Ich frage Shorti, ob er heute als erwachsener Mann sieht, welche Stärken und Kompetenzen seine Mutter hat.

Shorti: »Sie ist eine tolle Oma. Sie tut und macht und ist immer da, wenn wir sie brauchen.«

Weiterhin interessiert mich, ob er und seine Mutter in gemeinsamen Gesprächen über die schlimmen Jahre gesprochen haben und diese so vielleicht gemeinsam aufarbeiten konnten.

Shorti: »Nein. Ich will nicht mit ihr darüber reden. Ich habe mittlerweile einen guten Umgang mit meiner Vergangenheit für mich gefunden.«

Ich wechsele wieder zum Vater und mich interessiert natürlich, wie das Verhältnis der beiden heute zueinander ist.

Shorti: »Heute bin ich meinem Vater für vieles dankbar. Er hat mich in seine Firma geholt und mich unterstützt. Ich verdiene auch durch ihn ehrliches Geld und ich bin sehr gut in meinem Beruf geworden. Ich konnte von ihm beruflich viel lernen. Unser Verhältnis ist heute ganz anders als früher.«

Ich möchte wissen, ob das Thema Alkohol heute immer noch von Bedeutung ist und ob sein Vater noch Alkohol konsumiert.

Shorti: »Nein. Vor ungefähr zwölf bis dreizehn Jahren ist er trocken geworden. Er wollte nicht mehr trinken. Mich hat es gefreut für ihn. Mein Vater sieht mich mittlerweile als Person, zu der er aufsehen kann, weil ich so viel geschafft habe. Ich finde, wir haben jeder auf unsere Art etwas geschafft. Wir reden da aber nicht so drüber.«

Wir erstellen ein Soziogramm von Shortis Kindheit und seiner aktuellen Situation. Dieses beinhaltet eine Auflistung von Menschen, die in seinem Leben waren und aktuell sind. Zudem wird durch eine Aufstellung die Nähe und Distanz zu diesen Menschen deutlich.

Das Soziogramm aus Shortis Kindheit zeigt, dass dort nur wenig Menschen vertreten waren. Keiner stand ihm damals emotional wirklich nahe. Keiner ist an ihn herangekommen oder auch auf ihn und seine Bedürfnisse zugegangen. Mit etwas Abstand sind die nächsten Menschen damals für ihn seine beiden Omas und seine Schwester. Danach kommt mit etwas Abstand seine Mutter – auf der gleichen Ebene wie seine Kollegen. Mit noch mehr Abstand zeichnet er seinen Vater, seinen Onkel und seine Tanten in das Soziogramm. Hier zeigt sich, dass besonders zum Vater kaum eine emotionale Beziehung bestanden hat, obwohl Shorti sich diese dringend gewünscht hätte.

Das aktuelle Soziogramm zeigt ein ganz anderes Bild. Es sind dort wesentlich mehr Menschen verzeichnet, und diese Menschen sind viel näher an Shorti dran. Am nächsten ist ihm sein Sohn. Danach kommen auf der nächsten Ebene seine Freundin, seine Eltern, seine Schwester und sein Stiefsohn. Hier hat sich viel getan in der Nähe zu seinen Eltern. Shorti hat also in seinen Beziehungen viel verändert.

Er schaut sich nachdenklich die beiden Soziogramme an und meint dazu: »Wie heftig der Unterschied zwischen damals und heute ist. Mir wird noch mehr bewusst, wie traurig meine Kindheit war. Ich werde auf jeden Fall noch mehr für meinen Sohn da sein und nicht zulassen, dass er irgendwann in so eine Situation kommt, wie ich sie in meiner Kindheit erlebt habe.«

Mich interessiert, was sich zwischen damals und heute verändert hat.

Shorti »Ich denke, beide Seiten, also sowohl meine Eltern als auch ich, haben sich verändert. Es hat mit Vertrauen und

Nähe zu tun. Ich kann Nähe viel besser zulassen als früher. Aber erst ab meinem 22./23. Lebensjahr. Und auch nur bis zu einem gewissen Punkt. Ich spüre es direkt, wenn jemand nicht aufrichtig zu mir ist. Wenn es um Beziehungen geht, so will ich nicht verletzt werden. Ich habe einen Sicherheitsabstand, und ich muss aufpassen und mich selber schützen. Das werde ich auch beibehalten. Aber generell hat sich sehr viel bei mir geändert. Ich nehme auch keine Drogen mehr. Seitdem ist die Kälte in mir weg.«

Wir schauen auf Shortis Erfahrungen in der Schulzeit. Die Schule ist ein wichtiger Teil im Leben aller Menschen. Sie ist Teil unserer Leistungsgesellschaft. Dennoch ist für viele Menschen Schule ein emotional negativ besetztes Thema. Wie war es für Shorti? War die Schule ein Ort, wo er sich wohlfühlen und seine häusliche Situation vergessen konnte?

Shorti: »Schule war immer furchtbar für mich. Ich hatte überall nur Probleme. Ich habe mich oft nicht verstanden gefühlt. Meine Reaktion darauf war immer Gewalt. Ich habe Lehrer geschubst, andere Schüler angegriffen, wenn diese mir das Gefühl gegeben haben, dass ich nichts wert bin, oder wenn ich mich vorgeführt gefühlt habe, weil ich zum Beispiel keine Hausaufgaben gemacht hatte.«

Das möchte ich genauer wissen und bitte Shorti, ausführlicher zu erzählen.

Shorti: »Von meinem dritten bis etwa fünften Lebensjahr war ich im Kindergarten. Danach bin ich mit fünf oder sechs Jahren in die Vorschule gekommen. Es war eine Vorschule für Kinder, die sich nicht benehmen können. Es war keine gute Erfahrung für mich. Ich war etwa acht Monate dort. Auch hier habe ich mich verlassen und nicht unterstützt gefühlt. Ich habe es dann durch mein Verhalten gezeigt. Die Betreuer waren da schon überfordert mit mir. Danach ging es mit der Grundschule weiter. Ich war ein Einzelgänger, hatte keine Freunde. Es war furchtbar. Ich habe mir auch nichts gefallen gelassen. Ich habe andere Kinder oft angegriffen.

Danach bin ich mit zwölf Jahren auf die Hauptschule gekommen. Auch hier hat es überhaupt nicht geklappt. Ich war auch nur ein paar Monate dort und bin im selben Schuljahr noch auf die Förderschule für schwer erziehbare Kinder gekommen. Es war einfach nur scheiße dort.

Hier war ich bis zu meiner ersten Inhaftierung mit vierzehn Jahren regelmäßig. Nachdem ich das erste Mal inhaftiert war, bin ich kaum noch zur Schule gegangen. Ich hatte keinen Bock mehr.«

Es wird deutlich, dass Shortis Erfahrungen in der Schule primär negativ waren. Die Schule war für ihn ein Ort, an dem er sich nicht wohlgefühlt hat, wenig Unterstützung erfuhr und sich immer wieder provokativ und gewalttätig verhalten hat.

Dies werden wir beim nächsten Treffen intensiver besprechen.

3. Treffen: Schulzeit und Drogen

Es ist Anfang April. Wir treffen uns Montagmorgen um zehn Uhr bei Shorti in der Wohnung.

Sein kleiner Sohn läuft munter und interessiert umher, der Hund verbringt den Vormittag eine Etage höher – alleine. Die Katze lässt sich heute auch nicht blicken. Shorti und ich unterhalten uns über Autos und viele andere Dinge, bevor wir uns dem eigentlichen Thema zuwenden: die Zeit in der Schule.

Ich möchte wissen, ob es einen Lehrer gab, mit dem er gute Erinnerungen verbindet.

Shorti: »Ich erinnere mich nur an eine Lehrerin, bei der ich Fußball hatte. Sie war direkt und ehrlich. Das mochte ich. Ich wusste bei ihr, woran ich bin. Sie hat sowohl die Schüler als auch die Lehrer immer direkt angesprochen und konfrontiert. Ich habe sie akzeptiert, was schon viel war. Vertrauen konnte ich ihr aber auch nicht.

Ansonsten, wenn ich an die anderen Lehrer denke ... Die hatten vielfach so ein Schubladendenken. Ich hatte oft das Gefühl, dass sie mich immer wieder mit anderen Schülern verglichen, die besser waren als ich. Das hat mir gar nicht gefallen.

Die Lehrer waren an sich auch überfordert. An der Schule gab es auch schwere Fälle. Lernbehinderte und so Schüler wie mich, die keinen Bock auf Schule hatten. Die meisten Lehrer konnten die Schüler nicht erreichen. Zumindest mich nicht. Und ich habe auch alles dafür getan, damit die Lehrer mich hassen.«

Ich möchte mehr über die körperlichen Übergriffe von Shorti gegenüber seinen Lehrern erfahren.

Shorti: »Als ich in der Grundschule war, habe ich einmal einen Lehrer geschubst. Er hat meine Sachen im Unterricht aus dem Fenster geschmissen, weil ich Eselsohren im Hausaufgabenheft hatte. Statt mit dem Bleistift habe ich auch mit dem Filzstift geschrieben, was er kritisiert hat. Er hat mich mit der Aktion vor der Klasse bloßgestellt und erniedrigt. Das konnte ich mir nicht gefallen lassen. Ich musste etwas tun. Dann ist er nach dem Unterricht vor mir die Treppe runtergegangen und ich habe ihn spontan geschubst. Das war die Gelegenheit für mich, es ihm heimzuzahlen und ihm zu zeigen, dass er keine Macht über mich hat. Das hatte natürlich Konsequenzen.

In der Grundschule habe ich schon früh angefangen, gewalttätig zu sein. Mein primäres Ziel war es, den anderen zu zeigen: Mit mir könnt ihr nichts machen, ich bin kein Opfer. So habe ich auch in der Grundschule andere Kinder oft geschlagen. Einmal hat ein anderer Junge mir einen Ball weggenommen. Ich bin dann zu ihm hin und habe ihm eine Ohrfeige gegeben. Aber das hat irgendwie nicht gezogen und ihn nicht beeindruckt. Danach habe ich ihn mit der Faust auf den Kopf geschlagen.

Die Schule hat mir dann nahegelegt, dass ich nicht haltbar für sie bin.«

Ich frage Shorti, ob seine ausgeübte Gewalt in der Grundschule für ihn einen Nutzen und eine Funktion hatte.

Shorti: »Ich war Einzelgänger und hatte keine Freunde. Wenn ich jemanden geschlagen habe, habe ich mich sicherer und stärker gefühlt. Es war damals mein Weg. Und damals fand ich es okay und sogar gut, wenn andere Kinder Angst vor mir hatten. Ich wollte andere Kinder schlagen, damit es mir gut geht. Und ich habe damals nur darauf geachtet, dass es mir gut geht. Und meiner älteren Schwester, die auch auf meiner

Grundschule war. Aber sie war beliebt und angesehen. Sie hatte nicht die Probleme, die ich hatte.

Ich habe auch beim Schlagen nicht mehr aufgehört und mich quasi wie ein Hund festgebissen. Ich hatte keine Hemmschwelle mehr. Ich wollte den anderen am Boden sehen. Ich hatte schon in der Grundschule ein extremes Gewaltpotenzial.«

Ich melde Shorti zurück, dass er als Schüler tatsächlich sehr massiv und gewalttätig aufgetreten ist. Ohne sein Verhalten zu entschuldigen, wird für mich deutlich, dass es auch Ausdruck seiner inneren Not war. Jedes Verhalten hat eine Funktion. »Man kann nicht nicht kommunizieren«, sagte schon Paul Watzlawick.

Ich möchte wissen, ob er Unterstützungsangebote in der Grundschule erhalten hat, ob es Erwachsene gab, die ihm Grenzen gesetzt, aber gleichzeitig auch eine helfende Hand gereicht haben.

Shorti: »Nein. Und selbst wenn, ich hätte zu dem Zeitpunkt keine Unterstützung angenommen.«

Shorti formuliert dies sehr klar und deutlich. Hatte seine Haltung Auswirkungen auf seinen Schulbesuch? Ist er überhaupt regelmäßig zur Schule gegangen, wenn es so furchtbar für ihn war?

Shorti: »Ja. Ich musste ja. Wenn ich nicht jeden Tag gegangen wäre, hätte es richtig Ärger von meinen Eltern gegeben. Aber ich habe mich nicht wohlgefühlt.«

Ich denke wieder ressourcenorientiert und versuche Potenziale und Möglichkeiten zu sehen. Ich frage Shorti, ob es etwas in der Schule gab, das ihn motiviert hat? Oder hatte er vielleicht ein Lieblingsfach, das ihm gefallen hat?

Shorti: »Religion hat mir als einziges Fach gefallen.«

Das ist spannend. Wieso gerade Religion, möchte ich von ihm wissen.

Shorti: »Irgendwie haben mich das Fach und die Themen beruhigt. Es war interessant und ich konnte mich dabei entspannen.«

Religion und das Thema Gott haben oft eine beruhigende und stabilisierende Wirkung auf Kinder, gerade im Grundschulalter. Ich habe schon mit anderen Kindern gearbeitet, die in ähnlich problematischen Situationen wie Shorti waren und die sich ähnlich wie er geäußert haben. Ein achtjähriges Mädchen wollte immer wieder mit mir in die Kirche gehen und dort einfach nur sitzen. Sie hatte in ihrem Leben interessanterweise gar keinen religiösen Hintergrund oder Bezug zur Kirche.
   Ich denke, wenn der Großteil des Lebens aus Belastungen besteht, so ist Religion ein Thema, das vielen Kindern Hoffnung und vielleicht ein Stück Stabilität bietet. Kinder im Grundschulalter haben auch eine ganz andere Art der Offenheit als Jugendliche in der Pubertät.

Nun möchte ich wissen, wie es nach der Grundschule auf der Hauptschule für Shorti weiterging.

Shorti: »Da hatte ich auch keinen Bock auf Schule und habe mit dem Schwänzen angefangen. Ich habe die Hauptschule genutzt, um mir Gegner zu suchen. Ich wollte Gegner und keine Opfer. Hier konnte ich mich gut behaupten und zeigen, wo ich stehe. Ich habe mir Leute in meiner Kategorie gesucht, um mich zu beweisen.«

Ich frage nach, ob sich seine Gewalttaten gesteigert haben.

Shorti: »Ja. Es wurde intensiver. Ich habe auf der Hauptschule immer Herausforderungen gesucht. Ich habe mir immer den Stärksten vorgenommen und mich mit ihm geschlagen. Ich habe auch manchmal verloren. Das konnte ich aber nicht auf mir sitzen lassen. Ich musste es klären. Wenn ich mal keine Chance hatte, dann bin ich von hinten gekommen und habe angegriffen. Ich war ein Dreckskerl. Ich bin immer wieder aufgestanden und habe es erneut versucht. Eine Niederlage war keine Option für mich.«

Kann Shorti benennen, welche Bedeutung die Hauptschule für ihn persönlich hatte? Was hat sie ihm gegeben? Welche Bedeutung hat er ihr zugeschrieben?

Shorti: »Die Schule war für mich nie ein Ort, um zu lernen. Schule und Lernen waren lästig für mich, eine Quälerei. Ich wollte einzig und allein zeigen, wo ich stehe. Wenn ich Bock auf Stress hatte, dann habe ich Stress gesucht. Ich habe ziemlich schnell verstanden, dass mehr Leute auch mehr Macht bedeuten. Ich brauchte also Unterstützung, um noch stärker zu sein. Schule hieß also für mich: stark sein, noch stärker werden, Respekt haben.«

Das bedeutet, dass Shorti, der auf der Grundschule noch Einzelgänger war, auf der Hauptschule etwas verändert hat?

Shorti: »Am Anfang war ich auf der Hauptschule auch ein Einzelgänger. Als ich langsam angefangen habe, mir eine Gruppe aufzubauen, war die Zeit an der Hauptschule schon vorbei. Ich wurde dann auf die Förderschule versetzt, weil ich für die Hauptschule nicht mehr tragbar war.

Auf der Förderschule habe ich mir dann aber ziemlich

schnell eine Gruppe aufgebaut. Ich habe gemerkt, dass ich viele Jungs manipulieren konnte. In zwei Monaten habe ich eine Gruppe von sechs bis sieben Leuten um mich herum aufgebaut. Letztendlich habe ich entschieden, was passiert. Dann ist Ben dazugekommen. Er war ein Stratege, der alles überblickte. Er war wie meine linke Gehirnhälfte und hat mitgedacht. Ben und ich waren also die Drahtzieher. Alle anderen haben gemacht, was wir wollten. Wir hatten einen albanischen Jungen, nennen wir ihn Elwin, der sehr gerne gekämpft hat und sich geschlagen hat. Den haben wir dann als Waffe eingesetzt und sich gezielt schlagen lassen.«

Das klingt nach gangähnlichen Strukturen. Nimmt es Shorti auch so wahr?

Shorti: »Es war auf jeden Fall organisiert. Und es hat funktioniert. Ich habe entschieden, mit wem ich mich schlage und mit wem nicht. Ich habe mich gerne geschlagen, aber nicht mit Opfern, sondern mit Leuten, die so waren wie ich. Wenn es kein Gegner für mich war, habe ich mir an ihm auch nicht die Hände schmutzig gemacht. Dafür gab es dann die anderen Jungs.«

Ich möchte wissen, was Shorti konkret an kriminellen Aktionen getan hat und welche Gewalttaten er konkret verübt hat.

Shorti: »Es fing erst damit an, dass wir anderen Kindern ihre Butterbrote abgezogen haben. Das hat uns aber schnell nicht mehr gereicht. Wir haben dann Zigaretten und Geld abgezogen. Dann kamen noch Füller und Klamotten dazu. Wir haben täglich andere Schüler abgezogen. Das kam so drei- bis viermal am Tag vor. Ich habe oft drei bis vier Körperverletzungen an nur einem Tag begangen.«

Gab es Grenzen bei Shorti? Hat er z. B. auch Mädchen abgezogen und geschlagen?

Shorti: »Nein, Mädchen haben wir nie abgezogen oder geschlagen. Ebenso keine behinderten Schüler, die ja auch auf der Förderschule waren. Wir hatten schon einen Kodex. Wir haben uns nur die rausgesucht, die sich stark gefühlt haben. Davon gab es viele. Aber es wäre ein Ehrverlust gewesen, ein Mädchen zu schlagen. Keiner aus der Gruppe hätte sich gewagt, ein Mädchen zum Beispiel abzuziehen. Dann wäre er sofort raus gewesen.«

Was haben die Lehrer in der Situation gemacht? Haben sie Shorti und seiner Clique Grenzen gesetzt? Konnten sie sich durchsetzen oder wurden sie von Shorti bedroht?

Shorti: »Klar gab es Ärger von den Lehrern. Ich hatte Klassenkonferenzen, musste die Pausen oft drinnen verbringen oder hatte auch mal Schulverweise. Einmal kam die Polizei wegen einer Körperverletzung. Aber es hat mich null beeindruckt. Ich habe die Lehrer und die Schule nicht ernst genommen. Es war uns egal. Mir ging es darum, auch Macht über die Lehrer auszuüben. Wir haben auch mal einen Lehrer bedroht oder das Auto demoliert. Die Klasse haben wir erpresst, dass ich zum Klassensprecher gewählt werde. Das ist dann aufgeflogen und es gab Ärger.

Einmal haben Ben und ich beim Kochen in der Schule Haschisch unter das Essen gemischt. Wir wollten, dass die Lehrerin breit wird. Ist sie auch. Es kam dann ein Krankenwagen und sie konnte an dem Tag nicht mehr arbeiten. Das gab Ärger, aber es ging eigentlich immer so weiter. Mit der Zeit bin ich ja immer weniger zur Schule gegangen. Und dann kam mit vierzehn Jahren die erste Inhaftierung.«

Drogen haben auch eine Rolle in Shortis Leben gespielt. Das möchte ich genauer wissen, bevor wir später auf die erste Inhaftierung schauen.

Shorti: »Mit dem Kiffen habe ich circa mit dreizehn Jahren angefangen, mit dem Rauchen erst relativ spät. Da war ich so fünfzehn oder sechzehn Jahre alt. Alkohol war eigentlich nie eine Option für mich, weil mein Vater ja getrunken hat. Mit Alkohol habe ich mich nie richtig wohlgefühlt. Keiner aus der Gruppe hat Alkohol getrunken. Ich auch nicht. Ich trinke bis heute kaum Alkohol. Später habe ich dann noch Ecstasy, LSD, Pep und Koks konsumiert. Mit Heroin wollte ich nie etwas zu tun haben. Das war für mich der Abschaum. LSD habe ich auch nur zwei, drei Mal konsumiert. Das war kein Trip. Für mich war es einfach nur krank. Ich hatte einen Horrortrip, der Stunden gedauert hat. Ich bin davon gar nicht mehr runtergekommen. Erst nach Tagen habe ich mich wieder klar und normal gefühlt.

Aber als ich mit dreizehn Jahren angefangen habe zu kiffen, hatte ich auch ziemlich schnell den Gedanken, es zu verticken. Mein Ziel war es, zu dealen und Geld zu verdienen. Da ich nicht so viel Geld hatte, haben wir Leute abgezogen, von dem Geld Gras gekauft und es wieder verkauft.«

Ich möchte wissen, ob Shorti sagen würde, dass er abhängig war.

Shorti »Ja. Hasch war die Einstiegsdroge für mich. Aber Ecstasy und Amphetamine haben mich auf einer psychischen Ebene abhängig gemacht. Ich hatte oft ein Glücksgefühl, wenn ich das konsumiert habe, war tagelang wach und hatte alles unter Kontrolle. Ich hatte schon einen Drang, immer wieder zu konsumieren, weil es mir guttat und ich meine Gedanken über Stunden vergessen konnte. Ich habe gemerkt, dass es schwierig für mich war, davon loszukommen. Ich habe in der Zeit stark abgenommen und der Drang, immer wieder zu konsumieren, war da.«

Was heißt das, immer wieder zu konsumieren? Hat er täglich Drogen konsumiert?

Shorti: »Zum Teil habe ich täglich Amphetamine konsumiert. Da war ich aber schon älter. So siebzehn oder achtzehn. Pep stand für mich an erster Stelle. Weil ich so viel zu erledigen hatte, wollte ich wach bleiben. Mit Pep habe ich mich damals gut organisiert.«

Ich frage nach, ob der Drogenkonsum Auswirkungen auf sein Gewaltpotenzial hatte.

Shorti: »Ja, auf jeden Fall. Mein Schmerzempfinden wurde weniger. Ich war wie betäubt und hatte auch mehr Ausdauer bei Schlägereien. Mit der Zeit habe ich mich selbst nicht mehr gespürt und gefunden. Ich habe nur noch funktioniert und gemerkt, dass ich mich auf psychischer Ebene verändere. Ich beschreibe es mal so: Es hat sich so matschig angefühlt. Es haben sich Fehler in mein Handeln eingeschlichen. Trotzdem habe ich den Konsum fortgesetzt.«

Was meint Shorti damit, wenn er sagt, dass sich Fehler eingeschlichen hätten?

Shorti: »Ich hatte weniger Konzentration. Ich habe zum Beispiel bei meinen Drogengeschäften das Risiko in Kauf genommen, von der Polizei erwischt zu werden. Ich bin mit Leuten in Kontakt getreten, mit denen ich vorher nichts zu tun haben wollte. Einfach um noch mehr Geld zu verdienen. Ich habe mich mit Dealern zusammengetan, von denen ich wusste, dass sie mir nicht guttaten. Später habe ich auch mit meinen eigenen Kunden konsumiert, was ich vorher nie getan hätte. Ich habe irgendwann Gefahren falsch oder anders beurteilt. Mein Plan war okay, nur die Umsetzung war falsch eingeschätzt.«

Ich möchte wissen, ob der Konsum der Drogen Shorti innerlich verändert hat?

Shorti: »Ja, haben sie. Ich habe mich oft einsam gefühlt und eine innere Kälte entwickelt, die immer stärker wurde. Irgendwann hatte ich immer mehr das Gefühl, dass die anderen Menschen mir etwas wollen. Ich konnte niemandem mehr vertrauen. Ich bin richtig paranoid geworden.«

Ich frage Shorti, von welchem Zeitraum des Konsums wir sprechen und wie lange er tatsächlich Drogen konsumiert hat.

Shorti: »Ich habe erst in der JVA in Bochum angefangen, auf Drogen zu verzichten. Ich wollte ja die Therapie und die Therapievorbereitung machen. Aber da war ich auch über zwanzig Jahre alt. Also habe ich gut zehn Jahre Drogen konsumiert. Es war nicht immer durchgängig, sondern auch phasenweise. Aber Drogen haben eine Bedeutung in meinem Leben gehabt.«

Viele Jugendliche und junge Männer, mit denen ich arbeite, konsumieren missbräuchlich Alkohol oder illegale Drogen. Viele Gewalttaten passieren unter dem Einfluss von Alkohol oder Amphetaminen, da diese Substanzen besonders enthemmen und aggressiv machen können. Viele rutschen auch schleichend in eine Abhängigkeit und unterschätzen vollkommen, dass die Drogen dann irgendwann ihren Alltag beherrschen. Leider lassen sich nur wenige freiwillig helfen. Auch der Konsum von Substanzen erfüllt bestimmte Funktionen. Vielen ist es peinlich, sie schämen sich, eine Sucht einzugestehen, da sie es mit persönlicher Schwäche gleichsetzen. Bei vielen werden die Drogen auch zum Halt, da sie keine anderen Bereiche haben, in denen sie sich selbstwirksam erleben können.

Shorti konnte durch Konsum von Drogen Gefühle erleben, die er nüchtern nicht hatte, und seine Sorgen vergessen.

4. Treffen: Fußball, erste Anzeigen und Helfersysteme

Es ist mittlerweile Ende April. Der Frühling will sich noch nicht so richtig blicken lassen. Es ist richtiges Aprilwetter. Sonne, Wolken und Regen wechseln sich ab. Dazu herrschen eher kühle Temperaturen vor.

Wir treffen uns nachmittags in Shortis Wohnung, um weiter über sein Leben zu sprechen. Als ich ankomme, steht er vor der Tür und raucht. Er spielt mit seinem Sohn Fußball.

Es sieht sehr gekonnt aus und nicht so, als ob Shorti das erste Mal in seinem Leben Fußball spielt.

Shorti: »Ich habe ein paar Jahre lang Fußball im Verein gespielt. Mit neun Jahren habe ich angefangen. Ich habe ungefähr dreimal in der Woche trainiert. Das hat mir Spaß gemacht und ich war richtig gut. Später habe ich für einen anderen Verein gespielt. Hier wurde ich gesponsert. Aber es hat mir keinen Spaß gemacht. Es ging zu sehr um Technik und Taktik. Zum Teil haben wir nur mathematische Berechnungen gemacht. Mit Fußballspielen hatte das für mich nichts zu tun. Ich war in dem anderen Verein auch nur etwa ein Jahr. Da ich den Verein gewechselt hatte, durfte ich drei Monate nicht spielen. Dann habe ich komplett die Lust verloren. Hinzu kamen dann das Kiffen und Mädchen, die ich spannender fand. Ich habe dann mit vierzehn Jahren komplett aufgehört, Fußball zu spielen.«

Hier ist eine Komponente weggebrochen, die Shorti womöglich Stabilität und eine Alternative zur Straße geboten hat. Zumindest in dem ersten Verein, in dem er sich noch wohlgefühlt hat. Wer dreimal in der Woche trainiert, hat weniger Zeit, um Straftaten zu begehen, und bringt Struktur in seinem Alltag.

Wir gehen in die Wohnung und setzen uns an den Tisch. Hier ist es passender, um weiterzureden, und vor allem wärmer.

Mich interessiert, wann Shorti seine erste Anzeige erhalten hat und warum.

Shorti: »Meine erste Anzeige habe ich etwa mit zehn Jahren bekommen. Ich weiß gar nicht mehr genau, ob es wegen Bedrohung oder Körperverletzung war. Ah doch, ich habe auf dem Sportplatz einem anderen Jungen eine Kopfnuss gegeben. Aber die Anzeige hat mich nicht erreicht. Auch mein eigener Vater hat darauf nur gemeint, dass wir die Situation untereinander klären sollen. Ihm war es egal.«

Kamen weitere Anzeigen dazu? Wie hat es sich entwickelt?

Shorti: »Soweit ich mich erinnere, wurden meine Anzeigen ab dem dreizehnten Lebensjahr gesammelt. Aber es war mir egal. Ich würde sogar sagen, ich war unbelehrbar. Ich wurde dann auch immer wieder zur Jugendgerichtshilfe eingeladen. Wenn es nicht anders ging, bin ich hingegangen. Ich hatte einfach keinen Bock auf diese Termine. Meine Eltern hatten auch kein Interesse an den Terminen.

Jedenfalls, kurz nach meinem vierzehnten Lebensjahr hatte ich dann wirklich zeitnah meine erste Verhandlung. Es lagen etwa dreizehn Anzeigen gegen mich vor. Die haben dann alle Anzeigen zusammengenommen und eine Verhandlung daraus gemacht.«

Hat die erste Verhandlung Shorti beeindruckt? Wie hat sie auf ihn gewirkt?

Shorti: »Die Verhandlung war einfach nur beschissen. Ich kam mir richtig verarscht vor und dachte, hier nimmt mich keiner ernst. Der Anwalt, den ich hatte, hat mir ziemlich schnell deutlich gemacht, dass es hier um eine Bewährung oder Jugendarrest für mich geht. Das habe ich erst gar nicht verstanden. Ich dachte, die können mir gar nichts. Dann ist es aber wirklich ernst für mich geworden und ich habe gemerkt, so einfach komme ich hier nicht mehr raus. Letztendlich war dann das Ergebnis, dass ich mit vierzehn Jahren zwei Jahre Bewährung auf drei Jahre Gefängnis bekommen habe, das heißt, wenn ich in den zwei Jahren der Bewährung wieder Straftaten begangen hätte, würde ich für drei Jahre ins Gefängnis kommen.

Zusätzlich habe ich zweihundert Sozialstunden bekommen, von denen ich aber nur fünf gemacht habe. Ich habe versucht, den Leiter mit Zigaretten zu bestechen, sodass ich die Stunden nicht machen muss. Er hat die Info dann weitergegeben und so habe ich die Sozialstunden abgebrochen.

Ich habe dann auch direkt meinen Bewährungshelfer bekommen. Einmal in der Woche musste ich dorthin. So oft war ich aber zu Beginn nicht da.«

Ich frage Shorti, ob nicht auch das Jugendamt eingeschaltet wurde. Immerhin war er zu diesem Zeitpunkt vierzehn Jahre alt und auch gerade erst strafmündig. Jede Anzeige bis zum achtzehnten Lebensjahr wird automatisch von der Polizei an das Jugendamt weitergeleitet. So ist zumindest der offiziell vorgegebene Weg.

Shorti: »Ja, es gab irgendwann auch Gespräche beim Jugendamt. Die haben mich dann in eine stationäre Maßnahme für schwer erziehbare Jugendliche gesteckt. Dort war ich sieben Monate, bevor ich abgehauen bin. Ich musste erst vierzehn Tage auf eine geschlossene Station und bin dann in eine Außenwohngruppe gekommen. Aber das war erst später. Davor hatte ich schon meine Haftstrafe von drei Jahren in Siegburg abgesessen.

Es kam natürlich zu einer Haftstrafe, weil ich schon nach kürzester Zeit neue Anzeigen gesammelt habe und es einen Bewährungswiderruf gab. Da war ich auch noch vierzehn Jahre alt.«

Da wir uns Shortis Inhaftierungen genauer anschauen werden, interessiert mich in diesem Moment besonders, wie er die stationäre Jugendhilfemaßnahme erlebt hat?

Shorti: »Es war keine gute Zeit. Ich habe auch hier die Schule verweigert, bin immer wieder abgehauen und schwarz nach Remscheid gefahren, habe einen Raub und Körperverletzungen begangen.

Mir wurde dort ein anderer Jugendlicher zur Seite gestellt. Mein Pate. Der sollte mich in die Regeln und das Leben in der Maßnahme einführen. Den konnte ich überhaupt nicht ernst nehmen. Er war selber voll fertig und will mir erzählen, wie das Leben funktioniert? Ich habe alles dafür getan, um dort wieder wegzukommen. Nach sieben Monaten habe ich dann die Maßnahme abgebrochen. Es gab natürlich wieder Gespräche mit dem Bewährungshelfer, dem Jugendamt und dem Richter. Ich habe dann meinen Willen bekommen und der Richter hat dem zugestimmt, dass ich ja auch hier in Remscheid zur Schule gehen könne. Was ich natürlich nicht getan habe.«

Ich frage mich, warum Shorti sich auf keine Form der Unterstützung eingelassen und alles abgewehrt hat. Warum hat ihn das nicht erreicht?

Shorti: »Das stimmt schon. Jede Tür, die mir geöffnet wurde, habe ich wieder zugeschlagen. Es war mir alles zu viel. Diese ganzen Gespräche. Es war mir zu nah. Ich habe mich komplett überfordert gefühlt.«

Ich möchte wissen, was Shorti konkret zu viel war.

Shorti: »Diese Termine und Gespräche. Wie oft hat mein Bewährungshelfer hinter mir her telefoniert. Das war ich überhaupt nicht gewohnt. Deshalb habe ich die Termine auch nur wahrgenommen, wenn es nicht anders ging. Ansonsten habe ich mich distanziert und abgeblockt.«

Helfer können hartnäckig sein, und das zeichnet gute Helfer auch aus. Ich kann mir gut vorstellen, dass viele Helfer Shorti auch freundlich, offen und wertschätzend begegnet sind. Wieso konnte er das nicht annehmen?

Shorti: »Ich konnte die offiziellen Termine nicht einschätzen. Dieses Interesse und auch die Sympathie mir gegenüber konnte ich nicht aushalten. Das kannte ich so gar nicht und war es nicht gewohnt. Ich wusste nie, ist das Interesse dieser fremden Menschen an mir jetzt echt oder spielen sie mir nur etwas vor, weil es ihr Job ist? Ich hatte vor wenig Angst, aber diese Termine fand ich furchteinflößend, weil ich sie nicht einschätzen konnte.«

Jetzt wird es deutlicher: Nähe und Interesse waren eine Bedrohung für Shorti.

Shorti: »Absolut. Es war die Hölle für mich. Ich habe mich zu Beginn durch das Interesse von meinem Bewährungshelfer regelrecht in die Ecke gedrängt gefühlt. Diese ganzen Termine. Es war so fremdbestimmt für mich. Es war lästig. Freizeit hatte ich auch kaum noch. Ich war einfach überfordert und wollte nur weg.

Ich war schon als Kind abgezockt, eiskalt und berechnend. Ich hatte keine Hemmungen und wusste genau, was ich tue. Ich weiß nicht, warum das so war. Diese aufgezwungene Hilfe hat da nicht reingepasst.«

Nähe, Zuneigung und Interesse waren in dieser Situation eine Überforderung für Shorti und in seinem Erleben bedrohlich. Er hat schon früh erfahren, dass er alleine zurechtkommen muss. Sein Vater war als vertrauensvoller Ansprechpartner damals nicht da, weil er getrunken und viel gearbeitet und vor allem viel Gewalt ausgeübt hat. Auch seine Mutter stand ihm im Sinne einer vertrauensvollen Bindung nicht zur Verfügung. Seine Omas waren auf einer versorgenden Ebene für ihn da, aber sich ihnen intensiv anvertrauen, konnte er auch nicht. Er wurde nicht ernst genommen und ihm wurde schnell signalisiert, dass sich alle für den Vater positionierten. Innerhalb seiner Familie war er das schwarze Schaf, das oft die Schuld bekommen hat und primär durch seine negativen Handlungen wahrgenommen wurde, mit denen er eigentlich nur gezeigt hat, dass er innere Not leidet. Shorti hat sich schon früh einsam gefühlt. Zu Hause hat er erfahren, dass Themen tabuisiert werden, er nicht reden konnte und mit seinen Gefühlen komplett allein war.

In der Schule ging es dann weiter. Shorti war bis zur Hauptschule ein Einzelgänger und hatte keine Freunde. Er konnte hier auch nicht üben, Beziehungen aufzubauen und Nähe zuzulassen. Die Clique, die er später um sich herum aufgebaut hat, hatte ja den Sinn, dass er sich stärker fühlt, im Sinne von mehr Macht bekommen. Auch hier waren Drogenkonsum, Schlägereien, Gewalt und Grenzen austesten und ausreizen die Themen. Es war eine Clique mit viel krimineller Energie. Die Jungs waren wahrscheinlich in einer ähnlichen Situation wie Shorti. Wirkliche Nähe hat er hier auch nicht aufgebaut. Um emotional zu überleben, konnte Shorti sich nicht auf vertrauensvolle Beziehungen einlassen, weil er diese bis dato einfach nicht intensiv erfahren hatte. Es ist nachvollziehbar, dass das Helfersystem und regelmäßige Gespräche ihn zutiefst verunsichert und beängstigt haben müssen. Durch diese neue nicht einschätzbare Situation war es für ihn wahrscheinlich ein Kontrollverlust. Um die Kontrolle wiederzubekommen, hat er sich distanziert, entzogen und blockiert. Um gar nicht erst in die Situation zu kommen, andere Menschen nur annähernd an sich heranzulassen, hat er sie von vornherein nicht ernst genommen und abgewertet. Wenn er jemanden nicht ernst nehmen musste, konnte er sich auf einer Statusebene über ihn stellen. Somit hatte er wieder Macht und Kontrolle und konnte Nähe, Bindungen und die Themen, die ihn betreffen, erfolgreich abwehren. Er musste also weiter seine Schleifen drehen, weil er bis zu diesem Punkt noch keine Hilfe annehmen konnte.

5. Treffen: Untersuchungshaft

Es ist fast Ende Mai. Der Sommer ist da. Wir treffen uns an einem sonnigen Samstagmorgen. Um elf Uhr am Vormittag sind es schon fast dreißig Grad.

Shorti drückt mir direkt ein Hundeleckerli in die Hand, damit ich seinen kalbgroßen »Bär« bestechen kann, der wenig später laut bellend, aufgedreht und vor allem mit seinen gefühlten sechzig Kilogramm auf mich zu gerannt kommt. Der Leckerli-Trick funktioniert einwandfrei und ich werde zum Glück sofort von Shortis Hund akzeptiert. Obwohl er so groß ist, hat er mehr Angst als ich.

Dadurch, dass wir eine längere Pause hatten, dauert es einige Zeit, bis wir wieder ins Thema finden.

Wie hat sich Shorti weiterentwickelt, als er vierzehn Jahre alt war, und wie waren seine ersten Hafterfahrungen?

Shorti: »Im Prinzip habe ich die ganze Zeit nach der ersten Verhandlung über Straftaten begangen. Ich hatte natürlich Kontakt zu meinen Leuten und habe Körperverletzungen begangen, bin schwarzgefahren und habe Raubüberfälle verübt. Die Polizei kam dahinter, ist dann ziemlich schnell auf mich gestoßen und ich bin in Polizeigewahrsam gekommen.«

Die erste Verhandlung scheint Shorti also tatsächlich nicht beeindruckt zu haben. Was passierte nach dem Polizeigewahrsam mit ihm?

Shorti: »Ich bin dann direkt in die Untersuchungshaft nach Wuppertal verlegt worden. Dort war ich ein paar Wochen, bis der Bewährungswiderruf rechtskräftig war.«

Wie fühlt es sich an, als Vierzehnjähriger in Untersuchungshaft zu kommen? Konnte Shorti schon verstehen, was es bedeutet hat?

Shorti: »Ich war zuerst voller Wut. Ich dachte ja, dass die Tür wieder aufgeht. Ich dachte auch, dass ich wieder rauskomme. Als dann nach drei oder vier Wochen der Bescheid mit der Info kam, dass ich für drei Jahre inhaftiert werde, war ich wirklich geschockt. Da ist mir dann bewusst geworden, dass ich nicht wieder rauskomme. Aber ich habe auch keine Berufung eingelegt. Ich wusste, es würde nichts bringen. Ich habe einfach versucht, das Urteil zu akzeptieren.
   Ich bin dann auch für die ersten Tage ins Zugangshaus in die JVA Wuppertal gekommen, weil kein Platz auf der eigentlichen Abteilung war. Ich habe schnell alte Bekannte wieder getroffen, die auch dort waren. Es waren sowohl Kollegen als auch Leute dort, mit denen ich in der Vergangenheit schon Konflikte hatte. In einer der ersten Pausen, die ich dort hatte, kam es schon direkt zu einer Eskalation.
   Ich habe zwei Kollegen getroffen, nennen wir sie Max und Moritz, die ich aus Remscheid kannte. Mit denen habe ich nach Möglichkeit meine Freistunde verbracht.
   Dort war aber noch ein anderer Typ, nennen wir ihn Maui. Ich habe Maui früher schon mal mit meinen Kollegen abgezogen, und der war dann plötzlich auch in U-Haft.
   Auf jeden Fall habe ich mit Max und Moritz überlegt, wie wir Maui direkt zeigen können, dass wir stärker sind. Wir haben die Körperverletzung richtig systematisch geplant. Im nächsten Freigang sind wir zu dritt zu Maui und seinem Kollegen gegangen. Wir haben extra diese Stelle ausgesucht, weil wir es nicht auf der Treppe durchziehen wollten. Hier hätten wir auch andere verletzen können und es hätte mehr Aufsehen erregt. Genau das wollten wir ja vermeiden.

In der Nähe standen zwei Beamtinnen. Aber die haben nicht geschaut und die Situation haben wir ausgenutzt.

Es ging ganz schnell. Ich habe Maui mit der flachen Hand eine Ohrfeige gegeben. Ich habe extra die flache Hand benutzt. Eine Faust wäre zu auffällig gewesen und hätte Spuren hinterlassen können. Das wollten wir ja nicht. Wir wollten ihm einen Denkzettel hinterlassen, ohne dass jemand etwas mitkriegt oder sieht. Max hat Maui einen Schlag in den Bauch verpasst und Moritz hat ihn in den Bauch getreten. Das ging innerhalb von Sekunden und dann war es auch schon vorbei.

Der Kollege von Maui hat ihm auch nicht geholfen. Der hat einfach gar nichts gemacht. Und Maui, der hatte Angst. Der hat gezuckt und hat sich nicht gewehrt. Der war gar nicht auf eine Eskalation aus. Es kam auch nichts mehr von ihm. Danach sind wir ganz normal weitergegangen. Aber er wusste Bescheid, dass er sich nicht mit uns anlegt.«

Es wird deutlich, dass es Shorti darum ging, seine Macht zu demonstrieren und zu zeigen, dass er Status hat und derjenige ist, der die Oberhand hat.

Shorti: »Genau. Wir haben es so unter uns geregelt. Es gab auch später eine andere Situation, da hat mir ein Typ meine Jacke geklaut, als ich duschen war. Ich habe ihn dann einen Tag später mit meiner Jacke gesehen, bin sofort zu ihm hin, habe ihn geschlagen und habe meine Jacke genommen. Es gab dann ein Gespräch mit den Beamten. Da ich geschlagen habe, war ich natürlich Schuld und habe Umschluss bekommen, musste also komplett auf der Zelle bleiben. Ich glaube für zwei Tage. Die Beamten meinten noch, ich soll meinen Namen in meine Klamotten schreiben. Aber ich dachte mir: So ein Scheiß, das sind doch meine Klamotten. Ich kenne die doch.«

Shorti verbrachte etliche Wochen in Untersuchungshaft. Mich interessiert, wie der Tagesablauf war und wie er seine Zeit dort verbracht hat.

Shorti: »Es war ziemlich langweilig. Ich musste ja zum Teil dreiundzwanzig Stunden auf der Zelle bleiben. Dadurch, dass es Untersuchungshaft war, gab es keine Schule oder Ausbildung. Es gab nicht viel zu tun, außer auf den Rechtsbescheid des Bewährungswiderrufes zu warten.

Es gab zwischendurch mal Gespräche mit Psychologen, einmal in der Woche konnte ich Sport machen. Aber es durfte auch nicht zu viel sein, weil es sonst mein Gewaltpotenzial hätte steigern können. Darauf wurde schon sehr geachtet. Wir durften alle Sport machen, aber eben nicht zu viel und zu heftig. Die meisten haben Gewichte gestemmt und gepumpt. Da waren einige echt heftige Typen, die sahen aus wie Tiere. Die wollten auch alle nur pumpen. Es gab auch Fußball, aber das wollte ich dort nicht. Das wird ja nur genutzt, um einem die Knochen kaputt zu treten.

Ansonsten wurde alle zwei bis drei Tage geduscht. Ich konnte noch nicht mal jeden Tag duschen. Das haben die Beamten bestimmt, wer wann duschen darf.

Dann hatte ich noch eine Stunde Freigang am Tag. Ich habe Liegestütze gemacht, habe zu Beginn viel geschlafen und habe auch Gespräche mit anderen Inhaftierten und alten Kollegen geführt. Ich habe viel aus dem Fenster mit den Gittern geschaut, nachgedacht und auch mit den anderen Leuten gependelt. Über eine Schnur, ein Pendel, haben wir uns Tabak, Drogen und Essen weitergereicht. War natürlich verboten, aber das hat so gut wie jeder gemacht.

Nach der ersten Woche hat mein Anwalt durchsetzen können, dass ich Besuch erhalten darf. Meine Mutter hat mich dann als Erste besucht. Sie und meine Schwester waren dann häufiger da.«

Die Untersuchungshaft ist noch einmal eine spezielle Form der Haft. Mich interessiert, ob Shorti allein auf einer Zelle war.

Shorti: »Zu Beginn war ich auf einer Gemeinschaftszelle mit drei anderen Typen. Typ 1 hat sehr viel geredet. Zu viel. Der war irgendwie fertig und hat mich direkt voll genervt. Typ 2 war chillig. Der hat zwar auch Gespräche gesucht und geredet, war aber anders drauf. Und der Typ 3, der war ganz ruhig und hat viel beobachtet. Der hatte das Sagen und war der Chef. Mit ihm bin ich gut klargekommen. Er war Russe. Er hat Typ 1 und Typ 2 immer Aufträge erteilt und bestimmt, wer die Toilette putzen oder aufräumen soll. Mich hat er in Ruhe gelassen. Wir kamen gut klar.

Aber mit Typ 1 wurde es immer schlimmer. Irgendwann haben wir ihm gesagt, dass er dafür sorgen soll, dass er sich auf eine andere Zelle verlegen lässt oder wir schlagen ihn zusammen. Der wurde immer abgedrehter und war echt depressiv. Der hat sich stundenlang immer wieder den Brief seiner Exfreundin durchgelesen und ist damit nicht klargekommen.

Er hat dann einen Antrag gestellt und hatte ein Gespräch mit einem Psychologen. Wir anderen haben dem Psychologen auch bestätigt, dass er suizidgefährdet ist. Hauptsache, er kam von der Zelle runter. Zum Glück hat es geklappt, er wurde schnell verlegt.«

Ich stelle mir vor, dreiundzwanzig Stunden auf engstem Raum mit fremden Menschen eingeschlossen zu sein. Es ist klar, dass das viele Möglichkeiten für Konflikte bietet, da es kaum Privatsphäre gibt. In den neueren Gefängnissen oder in denen, die saniert wurden, ist die Toilette mittlerweile abgetrennt. In vielen JVAs steht die Toilette aber immer noch mitten im Raum. Selbst dieses Grundbedürfnis an Privatsphäre ist also nicht selbstverständlich. Ich frage Shorti, ob es ihn aggressiv gemacht hat und wie er damit umgegangen ist.

Shorti: »Es gab schon Situationen, da bin ich wirklich aggressiv geworden. Die Wut kam automatisch. Ein falsches Wort, ein falscher Blick kann zu Eskalationen führen. Bei Typ 1 hatte ich den Wunsch, ihn zu schlagen. Aber er wurde ja zum Glück rechtzeitig verlegt. Zwischendurch hatte ich einfach den Wunsch und die Gedanken, die anderen ruhigzustellen. Ich wollte ihnen sagen, was sie zu tun haben, wann sie das Bett verlassen dürfen, wann sie reden dürfen. Aber es waren eben nur Gedanken.

Ansonsten war ich sehr mit mir und meiner Situation beschäftigt und wie es für mich weitergeht.«

Ich frage Shorti, ob er sich anderen Inhaftierten mitgeteilt hat oder zeigen konnte, wie es ihm wirklich geht?

Shorti: »Ja, reden schon, aber Gefühle zeigen, das war ein absolutes No-Go. Ich habe niemandem meine Gefühle gezeigt. Das wäre ein Zeichen von Schwäche gewesen.«

Mit vierzehn Jahren in Untersuchungshaft. Musste Shorti nicht weinen oder war ihm nicht nach weinen zumute? Er hat erfahren, dass er alle Rechte an der Gefängnispforte abgeben musste, und wusste noch nicht so richtig, wie es weitergeht.

Shorti: »Klar war mir nach weinen zumute. Und ich habe auch mal geweint, aber nur, wenn keiner da war. Wenn ich mal dreißig Minuten alleine auf der Zelle war, weil die anderen Besuch oder Freistunde hatten. Aber es war dann immer nur kurz. Das machen die anderen auch. Da bin ich mir sicher. Aber eben so, dass es keiner mitkriegt.

Ich habe dann die Zellentür angelehnt, dass es keiner mitkriegt und habe geweint. Das tat auch echt gut. Ich musste nur danach immer direkt umschalten und wieder in meine Rolle gehen. Das war anstrengend und stressig. Aber so ist das im Knast. Man muss immer und überall wachsam sein und seine Augen und Ohren überall haben. Jederzeit kann etwas passieren.«

Das Männerbild im Gefängnis und gleichzeitig authentisch seine Gefühle zeigen passen nicht zusammen. Es ist ein sehr hartes und auch starres Männerbild, was wenig Raum für Trauer, Angst, Wut oder Freude lässt.

Shorti: »Man muss sich immer hart zeigen, darf keine Gefühle zeigen und darf auf keinen Fall Mitgefühl haben.«

Mich interessiert, ob Shorti selbst auch Gewalt im Gefängnis erfahren.

Shorti: »Klar, auch meine Grenzen wurden ausgetestet und ich habe auch Gewalt erfahren. Ich wurde zu Beginn auch provoziert oder habe eine Ansage bekommen, was ich abzugeben habe. Aber das ist nur einmal vorgekommen. Dann habe ich mich gewehrt und mir mein Eigentum zurückgeholt. Ich wollte auf keinen Fall ein Opfer sein. Hätte ich hier nicht gezeigt, dass ich mich wehre, dann wäre ich vielleicht ein Opfer geworden. Das war keine Option.«

Was hat Shorti aus den Wochen in der U-Haft gelernt? Hat er für sich etwas mitgenommen?

Shorti: »Dass es auf jeden Fall kaputtere Typen als mich gibt. Es gibt viele bellende Hunde, die nicht beißen und die sich aufgeplustert haben. Es gab viele Diebstähle und auch das

Gewaltpotenzial war ziemlich hoch. Es gab auch viele Opfer. Bestimmt so vier oder fünf Leute auf jeder Station. Ich habe mich immer gefragt, warum diese Typen straffällig geworden sind. Das hat so gar nicht gepasst.«

Woran macht Shorti fest, dass andere Jungen und Männer Opfer waren?

Shorti: »Es waren die Augen. Der Blick war oft leer und manchmal verzweifelt. Ich habe es irgendwie gerochen. Die wurden echt von vielen als Opfer benutzt. Auch Opfer gehen auf andere Opfer los, um selbst nicht mehr Opfer zu sein.

Im Knast gibt es eigene Gesetze: Es geht immer darum, sich zu wehren, auch wenn man eine Schlägerei verliert. Wenn man sich wehrt, dann kriegen es die anderen mit. Dann wirst du kein Opfer. In dieser Beziehung hat das Gefängnis mich noch härter und abgezogener gemacht. Aber das Schlimmste, was man machen kann, ist zu zinken, also zu einem Beamten zu gehen. Wer das gemacht hat, der hatte einen schweren Stand. Das war wie Hochverrat. Dinge wurden untereinander geklärt, niemals mit Beamten.«

Ich möchte wissen, ob Shorti sich bewusst ein Opfer rausgesucht hat, einen Menschen, den er bewusst fertiggemacht und erniedrigt hat.

Shorti: »Ich habe mir zu diesem Zeitpunkt kein Opfer rausgesucht, um es bewusst zu quälen und fertigzumachen. Das ist nicht meine Art und war auch nicht mein Ziel. Ich hatte um mich herum Leute, damit ich mehr Macht und Stärke habe. Wir haben uns gegenseitig unterstützt und unsere Gruppe auch gezielt gegen Stärkere eingesetzt oder gegen Leute, mit denen wir Stress hatten.

Generell ging es mir darum, mich zu messen und zu beweisen und einen Vorteil zu haben. Ich habe Menschen benutzt und manipuliert, um meinen Willen zu bekommen.

Im Gefängnis gibt es viel Gewalt. Du darfst im Knast verlieren, aber nicht kampflos. Ich selbst war auch nicht der Stärkste, ich habe auch einiges einstecken müssen, aber ich habe mich immer gewehrt und hatte dadurch aber auch meine Ruhe. Wenn die anderen sehen, dass du dich wehrst, lassen sie dich in Ruhe.«

Es hat sich also in dieser Welt alles um Macht, Status und darum gedreht, selbst kein Opfer zu werden. Shorti ist in vielen Situationen selbst immer wieder zum Täter geworden, weil er für sich darin eine Lösung gesehen hat und das Gefühl hatte, sich permanent beweisen und behaupten zu müssen.

Ich frage Shorti, ob er für sich etwas aus der Zeit in Untersuchungshaft mitgenommen hat.

Shorti: »Es war wie eine Lehre. Allerdings habe ich nichts Gutes gelernt. Ich habe viel dazugelernt, was ich noch nicht wusste. Da war zum Beispiel ein Sechzehnjähriger, der hat ziemlich professionell einen Banküberfall geplant. Und der hätte auch geklappt, wenn sein Kollege ihn nicht verraten hätte. Solche Sachen habe ich gelernt.«

Ich frage mich, ob die Zeit dort nicht zu einem Aha-Effekt geführt und Shorti neue Perspektiven eröffnet hat.

Shorti: »Nein, vielleicht mal für drei oder vier Minuten. Aber eher nicht. Ich wollte mich nicht verändern. Wenn ich mich da verändert und nicht mehr mitgemacht hätte, dann wäre ich schwächer als die anderen gewesen. Ich hätte im Knast keine Ruhe mehr gehabt, wenn ich denen gesagt hätte, dass ich jetzt nicht mehr will und aussteige.«

Hat Shorti überhaupt ein Bild oder eine Idee gehabt, wie eine Veränderung konkret hätte aussehen können und wie er diese hätte erreichen können?

Shorti: »Ich hatte keine eigenen Ideen oder Vorstellungen. Es waren eher die Regeln, die mir von den Beamten und von außen aufgedrückt wurden. Ich selbst wäre gar nicht darauf gekommen. Ich hatte kurz mal Vorsätze, wie die Schule zu beenden und mir eine Freundin zu suchen. Das war aber ein Träumchen, ein Rumgespinne, wie eine Seifenblase, die schnell zerplatzt ist.«

Die Untersuchungshaft hat bei Shorti also eher dazu geführt, dass er mehr kriminelles Wissen erlangt hat und noch weiter in die Dynamik der Kriminalität eingestiegen ist. Er hat zu dem Zeitpunkt keine Ideen entwickeln können, wie eine straffreie Alternative für ihn aussehen könnte. Weil er es selbst nicht erlebt hat? Weil er keine Vorbilder hatte? Weil er zu starre Bilder von Stärke und Schwäche im Kopf hatte und schon Jahre seines Lebens damit verbracht hat, Stärke und Macht zu demonstrieren? Weil das Männerbild, das er bis dato erfahren hat, auch starr und hart war? Shorti musste also noch weiter seine Erfahrungen machen und weitere Schleifen drehen. Drei Jahre Strafvollzug im Jugendgefängnis in Siegburg standen ihm ja noch bevor.

6. Treffen: JVA Siegburg

Wir haben eine längere Pause gemacht und treffen uns erst Mitte Juli wieder. Der Tag wirkt eher wie ein Oktobertag: grau, verregnet und etwas kühl. Wir brauchen beide tatsächlich etwas Zeit, bis wir in das Thema reinkommen und die Gespräche zielgerichteter werden.

Shortis Sohn ist heute besonders lebhaft und testet immer wieder seine Grenzen aus. Sowohl bei seinem Vater als auch bei mir. Meine Tasche hat es ihm besonders angetan und ein Nein will er noch nicht so recht akzeptieren. Aber sowohl Shorti als auch ich bleiben konsequent und unterstützen ihn so auf seinem Weg, ein Nein besser annehmen zu können.

Auch »Bär« ist aufgedreht und verhält sich ähnlich wie der Kleine. Lebhaft und austestend. Er will nicht verstehen, dass er dem Kind nicht die Kekse wegessen soll. Aber auch er entspannt sich irgendwann und akzeptiert notgedrungen die Grenzsetzung. Mit diesen Nebenschauplätzen beginnen wir den Einstieg in das heutige Thema. Es geht um Shortis Zeit in der JVA Siegburg.

Ich frage ihn, wie sein Transport nach Siegburg abgelaufen ist.

Shorti: »Ich bin in einem Gefangenentransporter nach Siegburg gebracht worden. Dort war ich in einer winzigen Zelle eingesperrt. Ich konnte rausgucken, aber niemand konnte in den Transporter schauen. Es waren mehrere Inhaftierte, die auf unterschiedliche Gefängnisse verteilt wurden.

In dem Transporter selbst habe ich mich richtig eingesperrt gefühlt. Wie ein Tier im Viehtransporter. Es war wirklich eng und ich hatte Platzangst. Es war sehr stickig. Ich dachte nur, dass hier keiner etwas mitkriegt, wenn etwas passiert, weil ich in dieser kleinen Zelle eingeschlossen war.

Auf Siegburg bezogen dachte ich, dass jetzt etwas Neues anfängt. Nervös war ich nicht. Ich wusste ja, dass Siegburg für eine gewisse Zeit meine neue Heimat wird.«

Wie ging es weiter, als er in Siegburg ankam, seinem neuen Zuhause?

Shorti: »Meine ersten Kontakte mit anderen Inhaftierten hatte ich in der Kammer. Hier habe ich Anstaltskleidung, Teller, Schüsseln und Bettwäsche erhalten. Meine persönlichen Sachen musste ich abgeben. Zwei Trainingsanzüge durfte ich behalten. Dann kam ich für etwa fünf bis sechs Tage mit zwei anderen Jungen auf eine Zelle. Das war im Zugangsabteil. Erst danach wurden wir auf die Jugendhäuser verteilt.

Aber ich habe mich sehr abgegrenzt, um erstmal die Lage zu checken. Ich wollte mit niemandem großartig reden.«

Was meint Shorti damit, dass er die Lage abgecheckt hat?

Shorti: »Ich habe die anderen beobachtet. Ich habe mir genau ihre Gestik angeschaut, wie ist der Kontakt mit den Augen. Wenn einer zum Beispiel viel redet, steckt da oft heiße Luft hinter. Wenn jemand sich mit seinen Straftaten gebrüstet hat, wusste ich, hier ist es besser, aufzupassen. Ich hatte ein paar Tage lang nur wenige Gespräche. Oberflächliche Themen halt. Über meine Straftaten habe ich erstmal mit niemandem gesprochen.

Ich hatte dann auch zwei neue Jungs, mit denen ich auf einer Zelle war. Ich kam mit beiden klar, aber sie waren mir nicht wichtig. Ich hätte gerne eine Einzelzelle für mich gehabt, aber es waren nur wenige Einzelzellen verfügbar.

Ich weiß noch, dass zu Beginn der Abteilungsleiter zu mir

kam und mit mir reden wollte. Er hat mir erzählt, dass er sich meine Akte durchgelesen hat und dass ich gewaltbereit wäre. Er legte mir nahe, mich hier an die Regeln zu halten, auch damit ich Lockerungen bekommen könnte. Aber ich habe mir damals gedacht: Was will ich mich hier im Gefängnis gut verhalten? Hier gewinnt der Stärkere.«

Shorti hat also auch in der JVA Siegburg weiter Gewalt ausgeübt?

Shorti: »Ja. Ich kann mich an eine erste Situation erinnern, da war ich duschen. Wir mussten immer zu dritt duschen und wurden in den Duschen eingesperrt. Die beiden anderen kannten sich und waren Russen. Die wollten mir eine Kette abziehen. Der eine kam und hat mich geschubst, ich habe zurückgeschubst. Dann hat er mich geschlagen und ich habe ihn mit der Faust ins Gesicht geschlagen. Dann war sofort Ruhe. Beide haben gesehen, dass ich mich gewehrt habe und haben dann aufgehört.

Man muss sich im Knast wehren. Jeden Tag wird man dort mit Gewalt konfrontiert und ausgetestet. Wenn man sich nicht wehrt, dann wird man zum Opfer.«

Hat Shorti sich auch in der JVA Siegburg eine Gruppe gesucht, um stärker und abgesicherter zu sein?

Shorti: »Dort waren auch einige Remscheider. An denen habe ich mich natürlich orientiert. Ich kannte ja viele schon. Wir konnten uns zum Beispiel in den Freistunden sehen oder an den Wochenenden. Die Freistunden wurden häufiger verschoben und fanden versetzt statt, eben damit die Kontakte zwischen den Häftlingen nicht so stabil und immer mal unterbrochen werden. Wir sollten bewusst nicht so viel Zeit miteinander verbringen. Aber wir haben uns gegenseitig geholfen. Wir haben uns zum Beispiel mit Briefmarken unterstützt, uns gegenseitig Tabak gegeben und uns bei Problemen untereinander geholfen.«

Mich interessiert, worüber sich die jungen Männer den lieben langen Tag so unterhalten haben.

Shorti: »Es wurde viel über Straftaten gesprochen. Ich habe wenig persönliche Infos über mich und meine Taten preisgegeben. Die anderen haben sich zum Teil auch gegenseitig mit ihren Straftaten in der Gruppe hochgepuscht. Es gab viele Szenegespräche und wenig persönliche Gespräche. Für mich war auch klar, dass ich die meisten Leute nicht wiedersehen werde, und ich hatte auch nicht geplant, draußen etwas mit ihnen zu unternehmen.«

Kann Shorti etwas über die allgemeine Gruppenbildung im Gefängnis erzählen?

Shorti: »Gruppen waren ganz normal im Knast. Jede Gruppe war für sich und abgegrenzt von den anderen. Es gab zum Beispiel die Türken, die Kurden, die Libanesen und die Russen. Zwischen den Türken und den Kurden hat es ordentlich geknallt.
  Die Russen waren immer nur unter sich. Die saßen in den Freistunden oder an den Wochenenden oft mit fünfzig bis sechzig Leuten in einer Ecke und haben Tee getrunken und Karten gespielt. Die waren total strukturiert und sind zum Beispiel nie alleine, sondern grundsätzlich nur zu zweit über den Hof gegangen. Neue Russen wurden immer mit Geschenken wie Tabak, Tee und Kaffee begrüßt. Einmal kam ein neuer Russe in die JVA. Der wurde aber direkt ausgeschlossen, weil er ein Sexualdelikt mit einem Kind begangen haben soll. Sie haben ihm sogar ins Gesicht gespuckt.

Die Russen haben sich untereinander verständigt, indem sie bestimmte Zeichen auf Kartons gemalt haben. Das haben die Beamten gar nicht mitbekommen. Keiner kam in deren Gruppe rein. Es war ein geschlossener Zirkel. Aber sie waren alle freundlich und nicht auf Ärger aus. Sie hatten alles, was sie brauchten. Geld und Drogen. Das ist auch nicht schwer im Knast. Ich habe mich gut mit den Russen verstanden und kann nichts Negatives über sie sagen. Es hat sich auch niemand getraut, die Russen anzumachen. Die Russen haben sich nicht in die Karten schauen lassen.

Heute sehe ich hier in Remscheid noch einige Russen aus der JVA. Viele nehmen Drogen. Heroin. Das ist die Russendroge. Vieles hat sich nicht geändert. Es ist zum Teil noch schlimmer geworden. Manche lernen es nie.

Die Libanesen und Türken wollten eher cool sein. Sie wollten sich immer zeigen und waren oft darauf aus, andere abzuziehen. Sie waren viel gewaltbereiter als die Russen und zum Teil sehr extrem. Sie haben sich aber auch nicht getraut, zu den Russen zu gehen. Dennoch waren die Libanesen und Türken zwei Gruppen, bei denen man schnell anecken konnte.«

Mich interessiert, was in der JVA Siegburg anders als in der Untersuchungshaft war.

Shorti: »Dadurch, dass ich nun rechtskräftig verurteilt war, hatte ich generell mehr Freiheiten. Ich konnte mehr Sport machen, hatte mehr Besuchskontakte ohne die Begleitung von Beamten und auch die Post ging schneller durch. Ich hatte allerdings zu der Zeit noch ein Verfahren wegen Raub mit Körperverletzung offen. Das Verfahren wurde letztlich eingestellt, weil man mir nichts nachweisen konnte. In dem Fall war ich auch nicht an dem Raub beteiligt.

Das hieß für mich, dass ich auch erstmal keine Lockerung

erfahren habe. Eine Lockerung fand sowieso erst nach achtzehn bis zwanzig Monaten statt. Ich musste aber zusätzlich noch mal ein paar Monate warten, weil dieses Verfahren ja noch nicht abgeschlossen war. Als das Verfahren endlich beendet war, musste ich ein polizeiliches Führungszeugnis beantragen und schauen, ob es nicht noch ein weiteres offenes Verfahren gegen mich gibt.

Die Zeit des Wartens war teilweise echt hart und hat mich wütend gemacht. Ich habe den Sozialarbeitern meine Wut mitgeteilt und dass ich bald ausrasten würde, wenn sich nichts bewegt. Sie haben versucht, mich zu beruhigen, aber mehr konnten sie auch nicht tun.«

Was bedeutet Lockerung konkret? Welche Vorteile hatte Shorti dadurch?

Shorti: »Die Lockerung war auch mit den Haftzielen verbunden, die anfänglich vereinbart wurden. Hier habe ich einen Plan bekommen. Mein erstes Haftziel war ein regelmäßiger Schulbesuch und den Hauptschulabschluss zu machen. Zudem musste ich mich ja an die Regeln halten. Ebenso sollte ich nach sieben bis acht Monaten Haft den Hofdienst übernehmen. Hier musste ich den Müll wegräumen und die Tiere vom Therapiehof füttern.

Lockerung bedeutete für mich, dass man zweimal im Monat am Wochenende mit einem Elternteil vier bis sechs Stunden rausgehen durfte. Die Steigerung war, dass ich Wochenendurlaub hatte. Hier durfte ich Freitag von achtzehn Uhr bis Sonntag achtzehn Uhr nach Hause. Aber die Lockerung erfolgte wie gesagt erst standardmäßig nach achtzehn bis zwanzig Monaten, und bei mir kam noch die Wartezeit wegen des offenen Verfahrens dazu.«

Shorti musste durch die Haftziele nun wieder regelmäßig zur Schule gehen. Wie war das für ihn?

Shorti: »Ja, ich musste zur Schule gehen. Jeden Tag von acht bis zwölf Uhr dreißig. Na ja, toll fand ich die Schule nicht immer, aber ich habe versucht, mich zu beteiligen. Generell fand ich den Unterricht dort intensiver, effektiver und besser als in meinen bisherigen Schulen.«

Wie hat Shorti seinen weiteren Tag nach der Schule in der JVA verbracht?

Shorti: »Ich hatte jeden Tag Schule und durfte zweimal in der Woche Sport machen. Wir durften allerdings nur Fußball spielen. Gewichte stemmen war verboten. Zusätzlich hatte ich jeden Tag eine Freistunde, die ich nutzen konnte. Hier bin ich meistens rausgegangen, wenn das Wetter es zugelassen hat.
   Dann gab es noch den Umschluss. Das heißt, dass man sich mit anderen in einer Zelle gemeinsam einschließen lassen und Zeit verbringen kann. Das kam immer auf den Beamten an, aber es waren so zwei bis zweieinhalb Stunden.
   Dann gab es noch den Aufschluss. Hier hatten wir die Möglichkeit, uns in der Abteilung für ein paar Stunden frei zu bewegen. Wir konnten Kicker und Tischtennis spielen und kochen, wenn wir uns vorher angemeldet hatten.«

Das Leben im Gefängnis ist also durchstrukturiert. Ganz anders, als Shorti es in der Zeit vor der Inhaftierung gewohnt war. Konnte er etwas mit dieser Tagesstruktur anfangen?

Shorti: »Am Anfang hat die Struktur der JVA meine eigene Struktur ganz schön durcheinandergebracht. Es fiel mir schwer, mich an die Regeln und Vorgaben zu halten. Es hat sich für mich wie Unterwerfung angefühlt, weil ich selbst nichts entscheiden konnte.

Nachdem ich mich an die Tagesabläufe gewöhnt hatte, ist es leichter geworden, weil die Abläufe ja klar waren. Durch die Struktur und das frühe Aufstehen hatte ich auch mehr vom Tag. Das hat aber auch dazu geführt, dass ich mehr nachgedacht habe. Sich zu viele Gedanken zu machen, kann auch bedeuten, aggressiv oder depressiv zu werden. Auf der anderen Seite war es schon so, dass die JVA bemüht war, durch die Abläufe einen Ausgleich zu schaffen, sodass destruktive Gedanken zumindest etwas reduziert werden konnten.«

Konnte Shorti eine Therapie machen? Hat er einen Umgang mit seinen depressiven und aggressiven Gedanken und Gefühlen lernen können?

Shorti: »Nein, ich habe keine Therapie in Siegburg gemacht. Es gab hin und wieder mal Gespräche mit den Sozialarbeitern. Hier ging es aber meistens nur um die Lockerungen und um die Haftziele und Haftbedingungen.«

7. Treffen: Gewalt im Gefängnis

Schon vierzehn Tage später kriegen wir ein weiteres Treffen hin. Es ist Ende Juli und ziemlich kühl. Heute geht Shortis Sohn mit seiner Mutter schwimmen, sodass mehr Ruhe für die Gespräche da ist und wir intensiv arbeiten können.

Ich möchte noch mal wissen, wie viele Anzeigen Shorti hatte, bevor er in Siegburg inhaftiert wurde.

Shorti: »Ich denke so um die sechzehn Anzeigen. Hier ging es meistens um Raub, Körperverletzung, Erpressung und auch Diebstahl.«

Shorti war nun sechsunddreißig Monate in Siegburg inhaftiert. Er hatte eine für ihn aufgezwungene Tagesstruktur und hat Haftziele mitentwickelt. Hat sich dadurch für Shorti etwas verändert? Hat er eigene Ziele für sich und sein Leben entwickeln können?

Shorti: »Ich wollte nur rauskommen. Aber mich verändern? Das wollte ich nicht. Und ein Ziel hatte ich auch nicht. Ich habe vielmehr von Tag zu Tag gelebt. Wenn mal kurz ein Änderungswunsch bei mir aufflammte, so ist der schnell wieder verschwunden.«

Ich frage Shorti noch einmal nach seiner Strategie, um im Gefängnis zu leben und auch zu überleben.

Shorti: »Meine Strategie war wie immer. Ich habe nur auf meine Vorteile geschaut. Ich habe die Lage gecheckt, habe geschaut, wer was zu melden hat und wer nicht. Ich habe geschaut, mit wem ich mich zusammentun kann und mit wem nicht. An allererster Stelle stand aber immer, dass ich mir nichts gefallen lasse.«

Gab es ein Erlebnis, das Shorti besonders schlimm in Erinnerung geblieben ist?

Shorti: »Ich war mal unter der Dusche. Ich wusste, dass andere Leute etwas gegen mich geplant hatten. Aber ich wusste nicht, was es war und wann sie zuschlagen würden. Plötzlich haben die anderen, die mit mir in der Dusche waren auf mich eingeschlagen. Von allen Seiten kamen Fäuste und Tritte. Ich habe mich gewehrt und zurückgeschlagen. Ich habe zwar verloren, aber ich habe mich gewehrt und habe denen gezeigt, dass sie so was nicht mit mir machen können.

Dann war da noch die Situation mit der Gabel. Ich wollte einem Kollegen von mir in der Freistunde helfen, weil er Stress mit jemand anders hatte. Als wir alle wieder rein mussten, habe ich plötzlich zwei Stiche in den Arm bekommen. Es war eine Gabel mit nur zwei Zinken, mit der auf mich eingestochen wurde. Ich vermute, dass meine Seite getroffen werden sollte, aber sie haben nur meinen Arm erwischt. Es war nicht so tief, dass es genäht werden musste. Zuerst habe ich es gar nicht richtig gespürt. Erst als ich das Blut gesehen habe, kam auch der Schmerz. Ich habe die Vermutung, dass es der Typ war, mit dem mein Kollege Stress hatte. Aber mit Sicherheit weiß ich es nicht.«

Wie hat Shorti es empfunden, mit einer Gabel angegriffen worden zu sein? Was hat es mit ihm gemacht?

Shorti: »Ich war wütend. Ich wurde mit dieser Aktion verletzt und erniedrigt. Ich habe mich geschwächt gefühlt. Ich wusste, jetzt bin ich im Knast angekommen. Ich habe mich auch unsicher gefühlt, weil ich nur eine Ahnung hatte, wer es gewesen sein könnte. Ich habe mich ein paar Tage komplett zurückgezogen und nachgedacht. Ich habe mir dann aus einem Einwegrasierer mithilfe eines Feuerzeugs eine Waffe gebaut. Wie ein Messer.

Als meine Waffe fertig war, bin ich damit in einer der nächsten Freistunden auf den Typen draufgegangen, bei dem ich vermutete, dass er mich mit der Gabel angegriffen hat. Ich habe ihn allerdings nicht verletzen können.

Die Beamten sind dann gekommen und ich habe natürlich Konsequenzen erfahren. Mein Fernseher musste aus der Zelle und ich hatte eine Woche Einschluss. Das waren die typischen Bestrafungen im Knast.

Der Typ, den ich angegriffen habe, wurde verlegt. Obwohl ich ja immer noch nicht weiß, ob er mich tatsächlich mit der Gabel angegriffen hat. Es könnte auch sein, dass es jemand anderes war, weil er sich dachte: Jetzt steche ich mal zu.

Im Knast braucht es keinen Anlass für so eine Aktion. Das kann jederzeit passieren.

Was mir wirklich zu schaffen machte, war, dass mein Kollege, dem ich ja ursprünglich geholfen habe, mir überhaupt nicht geholfen hat. Ich habe dann den Kontakt zu ihm abgebrochen.«

Ich frage mich, wieso Shorti Zugang zu Rasierklingen hatte und wieso er auf die Idee gekommen ist, sich daraus eine Waffe zu bauen.

Shorti: »Rasierklingen standen uns damals ganz normal zur Verfügung. Einwegrasierer. Daraus konnte man Waffen bauen. Ebenso aus Metallgabeln, die wir ja auch hatten. Man konnte zum Schlagen Seife in ein Handtuch packen oder Schnürriemen oder Gürtel zum Würgen benutzen. Es gibt genügend Möglichkeiten, sich selbst Waffen zu bauen. Mit diesen Waffen hätte man auch töten können, zum Beispiel mit den Einwegrasierern, die zu scharfen Messern wurden. Auch wenn man im Metallbereich arbeitete, hatte man Zugang zu möglichen Waffen. Die Beamten kontrollieren ja nicht immer alle Inhaftierten. Ich habe von anderen gehört, wie man Waffen herstellt, und es dann ausprobiert. Allein wäre ich nicht auf die Idee gekommen.«

Wenn systematisch Waffen gebaut und eingesetzt werden, werden andere Inhaftierte damit bewusst gefoltert und misshandelt? Werden die Waffen zum Schutz getragen oder bewusst eingesetzt? Welche Bedeutung hat die Misshandlung im Gefängnis?

Shorti: »Ja, es werden oft Waffen gebaut und gegen andere eingesetzt. Das passiert in jeder JVA, auch wenn es nicht in die Medien kommt. Ebenso wie die Misshandlung untereinander.

Bei mir haben sie es auch versucht. Ich war in einer Viermannzelle. Die haben sich gegen mich zusammengetan. Sie wollten, dass ich alles putze. Ich habe ja nichts dagegen, zu putzen, aber wenn ich alles alleine machen soll, habe ich schon ein Problem damit. Die anderen drei wollten, dass ich für sie putze. Ich sollte erst die Zelle putzen, dann die Toilette und deren Schuhe. Sie wollten dann, dass ich die Toilette ablecke. Das war der Moment, in dem ich mich in eine Ecke gedrängt gefühlt habe. Ich habe mich dann für einige Stunden zurückgezogen und nachgedacht, wie ich mit der Situation umgehen soll. Ich habe dann dem Anführer der drei einen Stuhl über den Kopf gezogen. Danach war Ruhe. Ich habe mich einen kurzen Moment wie ein Opfer gefühlt. Das konnte ich mir nicht gefallen lassen. Sie wollten mich bewusst zum Opfer machen, und sie hätten es getan, wenn ich mich nicht gewehrt hätte.

Einer der anderen beiden hat dann direkt den Notschalter

gedrückt und einen Beamten gerufen. Ich habe den Beamten nur gesagt, dass wir Streit hatten. Der Anführer, der den Stuhl abbekommen hat, sagte, ich sei ausgetickt. Derjenige, der den Beamten gerufen hat, wurde verlegt, weil er nicht mehr mit uns auf einer Zelle sein wollte. Der damalige Anführer wurde dann etwa vierzehn Tage später verlegt. Aber ich hatte meine Ruhe.

Man kann schnell in eine Opferrolle kommen, ohne es zu merken. Es gibt sehr viele Gewalttaten und Misshandlungen im Gefängnis. Dafür braucht es nicht immer einen Grund. Es reicht, wenn man dreiundzwanzig Stunden auf einer Zelle eingesperrt ist und sich Spannungen bilden. Dann hatte einer einen schlechten Tag oder es gab ein schlechtes Essen. Vielleicht war auch jemand selbst in der Opferrolle und wollte jetzt lieber Täter sein. Oder die Freundin hat Schluss gemacht. Es braucht im Knast keine Gründe, um gewalttätig zu werden. Gewalt ist dort allgegenwärtig.«

Ich frage Shorti, ob er auch jemanden misshandelt hat, wenn es ständig unter den Inhaftierten passiert.

Shorti: »Ja, aber da war ich nicht mehr in Siegburg, sondern in der JVA Wuppertal. Das war später. Es kam ein Neuer auf unsere Dreimannzelle. Der hat von Anfang an einen auf dicke Hose gemacht und war sehr respektlos. Er kam in die Zelle, hat noch nicht mal Hallo gesagt, sondern gleich den Fernseher ausgemacht. Dann hat er sich hingesetzt und von seinen Straftaten erzählt. Ich bin dann zu ihm hin und habe ihn mit der flachen Hand geschlagen, weil er aus meiner Sicht so viel Scheiße erzählt hat.

Mein Zellengenosse Nr. 2 kam dann dazu und hat ihn vom Stuhl geworfen und in den Würgegriff genommen. Danach habe ich auf den Neuen eingeschlagen und -getreten. Ich habe gezielt auf den Körper geschlagen und nicht ins Gesicht. Er wurde dann von meinen Zellengenossen Nr. 2 und Nr. 3 in der Toilette eingesperrt. Ich habe dann irgendwann zu Nr. 2 gesagt, dass er ihn von der Toilette holen soll. Er wäre sonst noch länger dort drin gewesen und er saß schon Stunden da drin.

Ich habe in dieser Situation gemerkt, dass Nr. 2 richtig Spaß daran hatte, den anderen zu quälen. Es wurde dann einfach zu viel.

Er hat ihn auch so stark gewürgt, dass er schon ganz rot im Gesicht war. Ich habe auch Gewalt ausgeübt, aber ich hatte meine Grenzen, und ich hatte auch keine Freude, den Neuen zu quälen. Er sollte Respekt haben und einen Denkzettel bekommen, das ja. Aber im Nachhinein gesehen, war es schon eine heftige Aktion.

Ich habe dem Neuen gesagt, dass dieser Vorfall unter uns bleibt. Er soll jetzt den Beamten per Notknopf rufen und darum bitten, dass er verlegt wird. Der Neue hat den Beamten gerufen und ihm wohl auch alles erzählt. Er wurde direkt verlegt, aber uns konnte man nichts nachweisen.

Ich weiß, ich habe in dieser Situation auch Gewalt ausgeübt. Ich habe zugeschlagen und mich dann irgendwann zurückgenommen. Ich habe Nr. 2 aber auch nicht gestoppt oder ihn zurückgehalten. Ich wollte auch wissen, wie der Neue reagiert.

Aber ich wusste, wenn der Neue die erste Nacht auf unserer Zelle bleibt, dann wird es noch schlimmer. Ich weiß nicht, ob ich damals dann dazwischen gegangen wäre. Deswegen war es gut, dass er direkt nach ein paar Stunden verlegt wurde.«

Ich möchte von Shorti wissen, ob er sich Gedanken darüber gemacht hat, wie es dem Opfer auf der Zelle ergangen ist. Er hat durch drei andere junge Männer Gewalt erfahren, und Shorti hat auch ganz klar Gewalt ausgeübt.

Shorti: »Nein, ich habe mir nicht wirklich Gedanken über sein Empfinden gemacht. Ich konnte nur nicht verstehen, warum er sich nicht gewehrt hat. Aber ich habe nicht darüber nachgedacht, wie es ihm geht und wie er sich fühlt. Ich war damals noch viel zu sehr mit mir selbst beschäftigt. Zudem war es damals ganz normal für mich, gewalttätig zu sein. Ich kannte es nicht anders. Weder von meinem Freundeskreis noch von zu Hause. Ich bin ja mit Gewalt aufgewachsen.

Im Gefängnis läuft auch alles anders ab. Gefängnis ist Macht. Entweder hast du selbst Macht und lässt dir nichts gefallen, andernfalls hast du ein schweres Leben dort und wirst zum Opfer. Opfer im Knast zu sein bedeutet, misshandelt und gequält zu werden. Opfer müssen Essen und Klamotten abgeben und Schutzgeld zahlen.

Ich habe im Knast auch viel eingesteckt und war selbst nicht der King. Aber ich habe mich immer gewehrt. Die Beamten haben mich mehrfach angesprochen, dass ich langsam ruhiger werden soll, weil ich immer wieder durch Gewalttaten aufgefallen bin. Sie meinten auch, dass ich doch schon meine Ruhe habe und die anderen mich akzeptieren. Aber ich musste meinen Status verteidigen und mich vor allem wehren, wenn mich jemand in irgendeiner Form angegriffen hat.

Unter Jugendlichen sind die Gewalttaten viel häufiger als im Erwachsenenvollzug. Im Erwachsenenvollzug gibt es auch Gewalt, aber wesentlich reduzierter. Wenn es dort Gewalt gibt, geht es meistens wegen irgendwelcher Geschäfte. Aber die Jugendlichen müssen sich noch beweisen. Es geht wild zu.

Und gerade in den Jugendhäusern gibt es viele Opfer. Ich habe auch gehört, dass sich Inhaftierte umgebracht haben oder sie haben sich verlegen lassen, weil sie so massiv misshandelt wurden.

Ich selbst hatte auch manchmal Angst, mich mit jemandem

anzulegen. Ich musste diese Angst dann überwinden. Mein Körper hat davor oft richtig gezittert und dann habe ich einen Adrenalinstoß erhalten. In dem Moment war mir klar, dass ich jetzt auf den anderen drauf muss, sonst tue ich es nie. Ich musste diese Angst überwinden, um kein Opfer zu sein. Das war oft schwer für mich.

Ein weiteres Mal sagte ein Beamter zu mir: Ich verstehe es nicht. Egal wer es ist, du musst dich mit ihm anlegen.

Ich habe ihm dann geantwortet: Mir ist es nicht egal. Ich kann die Zeit hier nicht als Lappen verbringen.

So ist es dann auch in Siegburg mit weiteren Gewalttaten von mir weitergegangen.«

Was nimmt Shorti rückblickend aus seiner ersten Inhaftierung in Siegburg mit? Was hat er gelernt?

Shorti: »Ich war unbelehrbar, gewaltbereit und schnell aus der Fassung zu bringen. Ich war oft unsicher und hatte auch manchmal Ängste.«

Hier kommen einige Ebenen zusammen, die sich gegenseitig bedingen und Shortis Verhalten zu der damaligen Zeit erklärbar machen, aber nicht entschuldigen sollen.

1. Aus seinen biografischen Erzählungen haben wir erfahren, dass Shorti in seiner Kindheit viel Gewalt erlebt hat und sich oft selbst überlassen war. Er hatte kein Vorbild, mit dem er sich hätte identifizieren und alternative Verhaltensweisen entwickeln können. Demnach war ihm Gewalt vertraut und bekannt. Er hat Gewalt vorgelebt bekommen. Er war es gewohnt, in der Rolle des schwarzen Schafes zu sein, und hat schon früh eigene Handlungsmuster entwickelt, in denen er sich mit Gewalt behauptet und durchsetzt. Er war noch nicht so weit, Hilfe anzuneh-

men und eine Beziehung zu einem Helfer zuzulassen, durch die Menschen auch nachreifen können. Durch eine wertschätzende und grenzsetzende Begleitung können Menschen sich weiterentwickeln, neue Fähigkeiten und Kompetenzen entwickeln. Sie werden mit Unterstützung befähigt, Verantwortung für sich selbst zu übernehmen.
2. Gewalt im Jugendalter auszuüben, hat immer einen Nutzen und erfüllt eine Funktion. Zudem fasziniert die Ausübung von Gewalt viele Menschen. Im Folgenden werden Gründe, warum Menschen Gewalt ausüben, aufgelistet:

»a) Gewalt schafft (scheinbare) Eindeutigkeit in unklaren, unübersichtlichen Situationen.
b) Mit Gewalt können Interessen durchgesetzt und Ziele erreicht werden.
c) Gewalt schafft Fakten, die bei späteren Verhandlungen als Ausgangspunkt genommen werden können.
d) Gewalt kann eigene Privilegien/Vorteile (zumindest kurzfristig) absichern und zudem berechtigte Ansprüche anderer (eine Zeit lang) abwehren.
e) Die (scheinbare) Effektivität von Gewalt braucht nicht begründet zu werden.
f) Gewalt wirkt auch nach innen, indem sie potenzielle Kritiker einschüchtert.
g) Gewalt schafft (vermeintliche) Klarheiten in einer komplizierten und undurchsichtigen Welt.
h) Sie ist zumindest augenblicklich wirkende Selbst-Demonstration der Überwindung von Ohnmacht.
i) Sie garantiert Fremdwahrnehmung, die mit anderen Mitteln vermutlich nicht mehr herstellbar war.
j) Gewalthandlungen werden von den Tätern oft als emotional erregend und stimulierend erlebt.
k) Gewalthandlungen werden als Männlichkeitsbeweis gesehen.

l) Gewalt erreicht als körperliche Auseinandersetzung und Bedrohung einen in der Spannung geradezu rauschartigen Zustand. Es ist ein In-der-Situation-aufgehen. Die Zukunft verschwindet in intensivst erlebter Gegenwart. Körper und Geist werden in vollster Aktivität in Handlungseinheit erfahren [...]«[2]

3. Je stärker das eigene Umfeld Gewalt ausübt und Gewalthandlungen rechtfertigt und legitimiert, desto schwieriger ist es, jemanden von einer Verhaltensänderung zu überzeugen. Warum sollte sich auch jemand verändern, nur weil es von außen so gewünscht ist? In einem Gefängnis, in dem eigene Regeln gelten und wo viele gewaltbereite Menschen aufeinandertreffen, bekommen Ritual- und Duellkämpfe noch einmal eine andere Bedeutung. Eine Einzelperson in diesem Milieu zu erreichen, dürfte also schwierig sein. Hier müsste effektiv mit einem Großteil der Inhaftierten gearbeitet werden, die über die nötigen Grundkompetenzen verfügen. Und zwar in Form von sozialen Trainingskursen, Anti-Gewalt-Trainings oder Therapien. Und das so intensiv, dass sie eine Idee davon bekommen, wie alternative Handlungsweisen aussehen können. Dies ist leider in der Realität so nicht gegeben. Oft wirken nur das Setzen von Grenzen und Konsequenzen, was auch eine Methode ist.

4. Shorti war im Jugendalter inhaftiert. Hier sind tatsächlich auch neurobiologische Mechanismen zu berücksichtigen. Das Gehirn bei Jugendlichen ist im Umbau. Das heißt konkret, dass der Frontallappen im Gehirn neu strukturiert wird. Dieser ist für die Steuerung und Hemmung von Gefühlen zuständig. Jugendliche sind in die-

---

2 Vgl.: Gewaltakademie Villigst: Gewalt begreifen. S. 10f.

ser Zeit deshalb oft impulsiv, sehr auf sich bezogen und mit sich selbst beschäftigt. Sie wirken oft egoistisch. Es kommt zu einem vorübergehenden Verlust von Empathie, also der Fähigkeit, sich in andere Menschen hineinfühlen zu können. Die Empathiefähigkeit steigt später wieder an. Wichtig ist, dass solche Fähigkeiten trainiert werden, damit sich die dazugehörigen Gehirnstrukturen auch ausbilden können. Empathiefähigkeit ist erlernbar (außer bei Menschen mit bestimmten Persönlichkeitsstörungen), es muss aber auch eine Auseinandersetzung damit stattfinden. Auch hier sind soziale Trainingskurse und Anti-Gewalt-Trainings sinnvoll, weil sie sich mit der Empathiefähigkeit und dem Opferleid beschäftigen. An einem Ort wie einem Gefängnis wird die Empathiefähigkeit nicht gefördert, wenn nicht durch Trainings oder Therapie eingegriffen wird und Angebote geschaffen werden.

Ich erlebe bei meinen Trainings oft, dass die Teilnehmer, die Gewalt ausgeübt haben, in der Regel nicht freiwillig kommen, sondern eine richterliche Auflage haben. Das nennt man sekundär motiviert, weil die Motivation nicht von der Person selbst kommt. Im Laufe der Trainings ändert sich dies oft, wenn die Gruppe sich gefunden hat und wenn die Teilnehmer merken, dass sie auch als Mensch Achtung und Wertschätzung erfahren. Die Sekundärmotivation wandelt sich zur Primärmotivation. Im Idealfall kann dann ab einem bestimmten Punkt gut an der Empathiefähigkeit gearbeitet werden, und die Teilnehmer beschäftigen sich über Wochen mit dem Opferleid.

Ich erlebe zwar immer noch Teilnehmer, die sagen, dass ihr Opfer es verdient hat, und die selbst in ihren eigenen seelischen Verletzungen festhängen. Leider lässt sich nicht jeder erreichen, aber bei einem Großteil der Teilnehmer funktioniert die Arbeit mit der Empathiefähigkeit gut.

8. Treffen: Leben in der JVA

Unser nächstes Treffen ist erst Anfang September. Shortis Sohn hat gerade seine Eingewöhnungsphase bei der Tagesmutter, sodass wir Ruhe zum Arbeiten und zum Sprechen haben.

Das Wetter wird langsam herbstlich und ist wechselhaft. Shorti empfängt mich unten an der Tür und drückt mir wie schon gewohnt ein dickes Leckerchen für »Bär« in die Hand. Der Ablauf ist mittlerweile vertraut …

Shorti hat heute viel zu erzählen.

Ich möchte wissen, welche Gedanken er in der Haft hatte, die ihn belastet und runtergezogen haben. Immerhin musste er sich alleine damit auseinandersetzen und konnte sich niemandem anvertrauen.

Shorti: »Ich habe mich unsicher gefühlt wegen den offenen Verfahren, die ich noch hatte. Ich habe mich oft gefragt, was noch auf mich zukommt. Häufig war ich nach den Besuchskontakten traurig und auch neidisch. Irgendwie enttäuscht. Mein Besuch konnte wieder in die Freiheit zurückgehen, aber ich musste bleiben. Ich wollte auch frei sein. Manchmal ging es mir deswegen nicht gut. Ich wollte aber nicht, dass mich jemand so sieht und habe deswegen hin und wieder einen Besuch auch nicht angenommen oder ihn mitten drin abgebrochen.«

Shorti hat also dafür gesorgt, dass niemand seine wirklichen Gefühle mitbekommen hat. Auch nicht seine Familie. Hatte er feste Tage, an denen er seinen Besuch empfangen konnte?

Shorti: »Ja, es gab feste Besuchstage. Aber oft habe ich erst einen Abend vorher erfahren, wer sich angemeldet hat und wer zu mir kommt.«

Wer hat ihn regelmäßig besucht und ist an seiner Seite geblieben?

Shorti: »Meine Familie hat mich regelmäßig besucht. Meine Mutter und meine Schwester sowie meine Omas waren oft da. Aber auch Tanten und Cousinen. Einmal wollte mich ein Kumpel besuchen. Aber ich wollte keinen Besuch von ihm. Natürlich waren auch mein Bewährungshelfer, mein Anwalt und auch mal jemand vom Jugendamt da. Auch die Kripo war zu Besuch, weil sie wegen der offenen Verfahren ermittelt haben.«

Wo bleibt Shortis Vater in der Aufzählung? Hat er ihn auch besucht?

Shorti: »Ja, am Anfang war mein Vater regelmäßig zu Besuch. Am Ende jedoch nicht mehr. Wir hatten zu unterschiedliche Ansichten, und er hat sehr viele Forderungen an mich gestellt, die ich damals nicht erfüllen konnte. Er wollte, dass ich es ihm verspreche. Aber ich konnte es ihm nicht versprechen. Ich habe mich da unverstanden gefühlt.«

Wie oft konnte Shorti überhaupt Besuch empfangen?

Shorti: »Ich glaube, viermal pro Monat konnte ich Besuch empfangen. Das war meistens unter der Woche. Es gab einen Besucherraum, wo aber auch andere Inhaftierte gleichzeitig ihren Besuch empfangen haben. So ganz allein war ich nie mit meinem Besuch.

Auch wenn ich nicht alle Besuche wahrgenommen habe, waren diese trotzdem sehr wichtig für mich. Es ist eine Möglichkeit, am gesellschaftlichen Leben teilzunehmen. Du kriegst so etwas von der Außenwelt mit und bist im Geschehen drin. Es ist wichtig, Menschen zu haben, die in dieser schweren Zeit zu dir stehen. Ich habe viele Inhaftierte gesehen, die keinen Besuch erhalten haben. Die waren traurig und deprimiert. Die haben sich dann oft allein auf die Zelle zurückgezogen und wollten ihre Ruhe haben.

Der Besuch hält viele Inhaftierte davon ab, Selbstmord zu begehen und nicht aggressiv zu werden. Der Besuch im Knast ist also wie Weihnachten oder Geburtstag. Man hat ja sonst nicht viel.

Ich habe auch oft Post von meiner Familie erhalten und wurde sogar manchmal um Rat gefragt. Auch wenn ich im Gefängnis war, war meine Meinung noch wichtig. Das war ein gutes Gefühl.

Zudem habe ich ja auch immer etwas bekommen. An den Automaten im Besuchsraum durfte ich zwei Pakete Tabak ziehen, zwei Päckchen Blättchen und Süßigkeiten für circa. fünfzehn Euro. Getränke waren frei und es konnte so viel getrunken werden, wie man wollte.

Die Süßigkeiten sind im Knast sehr schnell verbraucht, und vor allem sind sie teuer. Wenn jemand zum Beispiel auf Entzug ist, braucht er Süßigkeiten. Die Süßigkeiten wurden untereinander auch fair geteilt. Selbst wenn ich nur noch wenig hatte, habe ich es mit meinen Leuten geteilt.«

Bei Shortis Besuchskontakten hat er also immer etwas erhalten, was seine Familie ihm mitgebracht hat und was auf legalem Weg hinter die Gefängnismauern gekommen ist. Wie ist es mit illegalen Produkten? Drogen und Handys beispielsweise. Wie finden diese den Weg ins Gefängnis?

Shorti: »Schmuggeln ist überhaupt kein Problem und ist im Knast einfach. Es wird ständig geschmuggelt. Was an der Tagesordnung war, war das Schmuggeln mit Tennisbällen. Du sagst irgendeinem Kollegen draußen Bescheid, wann du Dienst auf dem Hof hast und wo du zu welcher Uhrzeit auf dem Hof bist. Tennisbälle sind einfach aufzuschneiden und zu befüllen. Die werden dann wieder zugeklebt und über die Hofmauer geworfen. Da die Beamten nicht ständig dabei sind, war dies eine gute Möglichkeit, um Waren zu erhalten.

Auch Pakete wurden zum Schmuggeln genutzt, und es gab viele Möglichkeiten hier unterschiedliche illegale Waren in den Knast zu schmuggeln.

Einmal habe ich mir LSD-Pappen unter eine Briefmarke kleben lassen und habe das LSD dann gewinnbringend weiterverkauft.

Nutellagläser wurden von vielen Inhaftierten benutzt, um Drogen zu schmuggeln. Hier war es bevorzugt Heroin. Du ziehst einfach die Verschweißung ab, führst das verpackte Heroin mit einem Strohhalm in die Schokolade. Danach wird die Lücke, die so im Nutella entstanden ist, mit warmer Schokolade wieder verschlossen und die Folie wird wieder zugeschweißt. Die Beamten hatten nicht die Zeit, jedes Paket zu kontrollieren.

Auch der Besuch kann leicht schmuggeln. Ich habe mitgekriegt, wie Angehörige Päckchen mit Drogen geschluckt haben und diese dann an einem Faden wieder rausgezogen haben.

Tatsächlich werden auch Drogen in den Genitalien geschmuggelt. Hier ist vieles möglich und die Kontrollen konnten nicht alles erfassen. Zumindest war es früher so. Ich weiß nicht, wie es heute ist.

Abgesehen davon sind auch tatsächlich einige der Beamten korrupt und verdienen sich selbst etwas mit dem Schmuggeln von Waren dazu. Ich habe es gemerkt, wenn

Beamte das Gespräch zu mir gesucht haben, dass sie am Schmuggeln interessiert sind. Die wollten dann einen Deal eingehen. Auch ich habe Beamte bewusst angesprochen. So ist dann noch ein weiterer Weg zu schmuggeln entstanden.

Auch die Beamten haben nicht immer eine reine Weste. Hier sind auch Beziehungen ein Thema. Sowohl von Beamten untereinander als auch von Beamten und Inhaftierten. Ich habe einige Beamtinnen beobachtet, die manche Inhaftierte regelrecht angeflirtet und den persönlichen Kontakt gesucht haben. Die haben dann oft persönliche Fragen gestellt, was normalerweise nicht der Fall ist. Ich weiß nicht, ob manche Beamtinnen denken, dass im Knast die richtigen Männer sind. Eine Beamtin musste die Abteilung verlassen, weil sie eine Affäre mit einem Inhaftierten hatte.

Ich war auf jeden Fall finanziell gut abgesichert. Vor allem später, als ich in der JVA in Bochum war. In Siegburg war es etwas schwieriger, da hier viel von den Beamten kontrolliert wurde. Es war in Siegburg ja auch noch der Jugendknast und der funktioniert anders.

Ich habe mein Geld für gutes Essen, Handys, Getränke, Eiweiß und Testosteron ausgegeben. Ich hatte auch immer ein Handy im Knast.

Hin und wieder habe ich dann auch mal einen Joint geraucht. Aber das war selten, weil mir die Konsequenzen zu stark waren. Wenn du wegen Eigenkonsum erwischt wirst, dann gibt es einen roten Punkt. Das war so etwas wie eine Vorwarnung. Entweder wurde dann deine Zelle durchsucht, du hast eine Anzeige bekommen, ein Drogenscreening oder dir wurden Freiheiten gestrichen. Das war mir zu riskant. Ich wollte durch Drogen im Knast nicht noch mehr Probleme haben.

Erst später im Erwachsenenvollzug habe ich hin und wieder mal Drogen oder Testosteron verkauft. Ich habe aber schnell gemerkt, dass andere Leute die Geschäfte in der Hand haben und mit ganz anderen Mengen handeln. Wenn diese Leute finanzielle Verluste gemacht hätten, weil ich denen die Geschäfte wegnehme, hätten die Ernst gemacht. Deswegen habe ich es letztlich auch gelassen.

Drogen sind im Knast ein großes Thema. In der JVA Siegburg wurde eher mit Peace und Gras gehandelt. Aber in Bochum war wirklich alles zu haben.

Viele Inhaftierte brennen auch Alkohol selbst. Du lässt einfach ein Stück Hefe fünf bis sechs Wochen in Apfel- oder Orangensaft gären. Das riecht natürlich extrem stark. Viele haben dann einen nassen Lappen darübergelegt, damit es nicht so stinkt. Der Alkohol war dann ziemlich hochprozentig und der Konsum nicht ungefährlich. Ich habe es nur einmal probiert. Es war überhaupt nichts für mich und war super ekelig. Es sah einfach nach Schimmel aus. Zudem war das Brennen von Alkohol mit Konsequenzen verbunden. Hier hätte es wieder einen roten Punkt und Sanktionen gegeben, was ich nicht wollte.«

Shorti hat im späteren Verlauf seiner Inhaftierung dann mehr Freiheiten erhalten. Er hat Ausgang bekommen und konnte auch Wochenendurlaube für sich nutzen. Wie hat er diese Zeit verbracht?

Shorti: »Diese Privilegien hatte ich erst so circa sieben Monate vor meiner Entlassung. Ich hatte etwa drei- bis viermal einen Freigang. Die Voraussetzung war, dass ich nicht unbegleitet war. Ich war dann mit meiner Mutter, mit meiner Schwester und mit meiner Oma in der Innenstadt von Siegburg. Wir sind meistens etwas essen gegangen. Gutes Essen, das war mir wichtig.«

Wie ist das Gefühl, nach Monaten das erste Mal wieder in Freiheit und in der Öffentlichkeit zu sein?

Shorti: »Es war auf der einen Seite ein gutes Gefühl. Endlich hatte ich Freiheit. Ich wusste aber auch, dass ich wieder zurück in die JVA muss. Das war bedrückend. Ich habe schon mit dem Gedanken gespielt, abzuhauen, weil ich nicht wieder zurückwollte. Aber es war nur ein Gedanke.

Auf der anderen Seite habe ich mich von den Menschen beobachtet gefühlt. Ich dachte, alle starren mich an und sehen, woher ich komme. Ich habe mich wie ein gebrandmarktes Kind gefühlt. Das Gefühl ging auch bei den weiteren Freigängen nicht weg.

Nachdem ich dreimal den Freigang wahrgenommen habe und es gut gelaufen ist, gab es eine Konferenz. Hier haben die Beamten und Sozialarbeiter beschlossen, dass ich noch eine Stufe höher kann und ich habe zweimal im Monat Wochenendurlaub bekommen. Dafür ist meine normale Besuchszeit weggefallen. Der Urlaub ging von freitags fünfzehn Uhr bis sonntags um achtzehn Uhr.

Ich habe dann Geld mitbekommen und einen Schein, der bescheinigte, wer ich war und dass ich inhaftiert war, weil ich ja keinen Ausweis mehr hatte. Ich wurde von meiner Familie abgeholt und dann sind wir gemeinsam nach Remscheid gefahren.

Auch hier habe ich Zeit mit meiner Familie verbracht. Ich habe das Essen draußen sehr geschätzt, war einkaufen und habe auch Kollegen getroffen.«

Hat Shorti seine Kollegen getroffen, mit denen er Straftaten begangen hat? Haben sie in dieser Zeit neue Straftaten begangen?

Shorti: »Ja, es waren genau diese Kollegen. Aber wir haben uns nur getroffen und keine neuen Dinger gedreht. Ich hatte oft den Gedanken, dass ich ja wieder zurück in die JVA muss. Das war nach zwei Tagen Freiheit schon schwieriger für mich. Aber ich bin standhaft geblieben. Ich wollte aber das Vertrauen, das ich von den Beamten in Siegburg erhalten habe, nicht ausnutzen. Ich wollte es auf keinen Fall riskieren, meinen Urlaub zu verlieren. Ich war der JVA Siegburg dankbar, dass ich die Chance bekommen habe und Urlaub nehmen konnte. Ich wollte auch den anderen nicht schaden, die auch vor der Lockerung standen, und wollte auch die Beamten nicht enttäuschen, die sich für meine Lockerung eingesetzt haben.«

Was hat ihm der Kontakt zu seinen Kollegen gegeben? Hat es ihm gutgetan? Oder hat Shorti gemerkt, dass es doch nicht die richtigen Leute für ihn sind?

Shorti: »Der Kontakt zu meinen Kollegen hat mir nur zum Teil gutgetan. Es war schön, wieder draußen zu sein. Für mich hatte es aber auch etwas Kaltes und Uninteressantes. Ich wollte mich nicht wieder auf deren Schiene bewegen. Es waren eigentlich nur oberflächliche Kontakte. Ich wollte nur mit ihnen etwas abhängen und Spaß haben, aber ich habe keine persönlichen Infos über mich preisgegeben. Wenn mich jemand gefragt hat, wie es mir geht, habe ich direkt abgeblockt. Sie haben sich vorher nicht für mich interessiert und jetzt wollte ich ihr Interesse nicht.«

Die Freigänge und Urlaube sind wohl so weit gut gelaufen, dass Shorti sich an die Absprachen gehalten hat. Hatte das Auswirkung auf seine Entlassung? Wann wurde er überhaupt aus Siegburg entlassen?

Shorti: »Ich habe ja sechsunddreißig Monate Haft erhalten und wurde zwei oder drei Monate eher entlassen. Ich habe aber Bewährung bekommen. Drei Monate Bewährung auf zwei Jahre Haft. Ich habe also dreiunddreißig Monate in Siegburg eingesessen. Eigentlich sollte ich noch eher entlassen werden, aber die Sozialarbeiterin meinte, ich habe mich nicht so gut verhalten. Sonst wäre eine Entlassung schon nach zwanzig Monaten möglich gewesen. Na ja, sie hatte mit ihrer Einschätzung nicht unrecht. Aber ich wollte es damals nicht zugeben.«

Wie hat es sich angefühlt, nach dreiunddreißig Monaten entlassen zu werden?

Shorti: »Es war ein schönes Gefühl. Endlich Freiheit.«

Was hat er als Erstes getan, nachdem er entlassen wurde?

Shorti: »Ich bin zur Eisdiele gefahren und habe dort Spaghettieis gegessen. Das war mein erstes Ziel. Ab ins Eiscafé Venezia. Ich habe es dann richtig genossen. Ich hätte mir fast noch ein zweites Eis bestellt, weil die Portion für mich zu wenig war.«

Spaghettieis symbolisiert also Freiheit für Shorti?

Shorti: »Ja, heute immer noch. Es ist ein Luxus, dass ich mir dann ein Spaghettieis kaufen kann, wenn ich es möchte. Ich tue es heute noch oft. Egal bei welchem Wetter.«

Wie ging es nach der ersten Entlassung dann weiter?

Shorti: »Ich hatte schon ein paar gute Vorsätze. Ich wollte gewaltfrei leben, wollte keine Anzeigen mehr sammeln und eine Arbeit finden. Aber nach ein paar Tagen in Freiheit hat sich alles wie Durchzug angefühlt. Meine guten Vorsätze waren einfach nicht mehr da. Ich habe schon nach ein paar Tagen total vergessen, dass ich im Knast war und habe darüber nicht mehr nachgedacht.«

Shorti hat also dort wieder angefangen, wo er vor seiner Inhaftierung aufgehört hat?

Shorti: »Ja, nach meiner Entlassung habe ich allerdings erst richtig angefangen. Ich habe in der JVA noch mehr dazugelernt, hatte noch mehr Gewaltpotenzial und noch mehr kriminelle Energie. Das muss ich leider so sagen. Zwei Monate später habe ich die nächste Straftat begangen, und geprügelt habe ich mich schon nach ein paar Tagen in Freiheit.

Ich weiß gar nicht mehr genau, warum ich mich geprügelt habe. Ich war im Bus und es war ein Typ dort, der war etwa fünf Jahre älter als ich. Vielleicht hat er mich blöd angeschaut oder er stand einfach nur im Weg. Auf jeden Fall habe ich ihm mit der Faust vor den Kopf und ins Gesicht geschlagen. Eigentlich wollte ich seinen Hals treffen, damit er keine Luft mehr bekommt. Ich habe ihn aber nicht dort getroffen. Dann habe ich mir den Nothammer geholt und wollte damit zuschlagen. Dazu bin ich zum Glück nicht mehr gekommen. Ich weiß nicht, was sonst passiert wäre. Erschreckenderweise war meine Hemmschwelle zum damaligen Zeitpunkt nicht mehr da. Es gab nichts mehr, das mich gestoppt hätte, und ich habe vor nichts mehr Halt gemacht. Weil ich den Nothammer als Waffe benutzt habe, habe ich dann eine Anzeige wegen gefährlicher Körperverletzung erhalten.

Bei der Vernehmung durch die Polizei habe ich die Tat erst abgestritten. Aber die konnten es mir natürlich nachweisen. Eine Verhandlung deswegen hatte ich erst später. Die haben meine Anzeigen gesammelt, die dann wieder neu eintrafen. Zu dem Zeitpunkt der Verhandlung hatte ich bereits wieder fünfzehn neue Anzeigen.«

Ich möchte wissen, ob Shorti sich darüber Gedanken gemacht hat, wie es dem jungen Mann, seinem Opfer, durch die Tat ergangen ist.

Shorti: »Früher habe ich auf jeden Fall nicht daran gedacht, wie es ihm geht. Ich war damals der Ansicht, dass ich doch nichts dafür konnte, dass er ein Opfer war. Es war für mich wichtig ihn fertigzumachen. Es hätte mich genauso gut treffen können.

Heute denke ich, dass meine Tat falsch war. Ich war mit mir oder mit einer Situation unzufrieden und ein anderer hat es abgekriegt. Aber ich habe meine Strafe dafür abgesessen und auch damit abgeschlossen. Ich würde mich heute nicht mehr dafür entschuldigen. Allerdings habe ich manchmal darüber nachgedacht und überlegt, welchen psychischen Knacks die Menschen bekommen haben könnten. Manchmal bin ich Leuten begegnet, die ich geschlagen habe, und sie haben die Straßenseite gewechselt, wenn sie mich gesehen haben. Es hat also irgendwie noch nachgewirkt in ihnen.«

Ich frage Shorti, ob er denkt, dass er bei seinen Opfern psychisch oder seelisch etwas zerstört hat?

Shorti: »Ja, bestimmt. Ich habe mir damals nie Gedanken darüber gemacht. Erst als ich angefangen habe, mich zu verändern, habe ich auch über meine Opfer nachgedacht. Aber davor war ich viel zu kalt und zu abgestumpft. Manchmal habe ich gedacht: Warum haben sie sich nicht gewehrt? Aber vielleicht konnten sich die Menschen, die ich geschlagen habe, nicht wehren oder sie hatten Angst davor. Vielleicht waren sie auch vorher schon belastet. Und dann kam für sie noch eine weitere Situation dazu, wo sie Opfer von Gewalt wurden und vielleicht daran zerbrochen sind.

Ich weiß, dass es falsch war. Wenn ich darüber nachdenke, was ich getan habe, geht es mir nicht gut. Das will ich nicht. Ich könnte mich ekelig und falsch fühlen. Das passt gerade nicht in mein Leben.«

Das Opferleid ist ein wichtiges Thema. Shorti wirkt zwiegespalten. Auf der kognitiven Ebene hat er schon vor langer Zeit verstanden, dass seine Gewalttaten falsch waren und er hat auch dafür juristische Konsequenzen erfahren. Aber es gibt noch einen anderen Anteil auf der emotionalen Ebene. Dieser Anteil macht sich gerade bemerkbar, denn Shorti wirkt berührt, er will aber in dem Moment nicht hinschauen und lieber auf die rationale Ebene zurückkehren.

Ich spiegele Shorti die Situation und spreche die Einladung aus, dass wir gemeinsam noch einmal hinschauen können. Es geht nicht um Verurteilung, es geht darum, Verantwortung zu übernehmen. Sowohl für sich und die eigenen Prozesse als auch für das Opferleid.

Dass Shorti gerade emotional berührt ist und es so benennen kann, ist eine gute Ausgangssituation. Ich denke, dass er eine tiefere Ebene erreichen kann, wenn er es zulässt und sich die Erlaubnis gibt, zu fühlen und zu verstehen, wie es möglicherweise seinen Opfern ergangen ist, denen er Gewalt zugefügt hat. Und wenn er sich dabei noch einmal klein und schlecht fühlt, so darf auch das sein. Denn wenn er diese Seite in sich annehmen kann und sie versteht, kann sie auch langfristig heilen.

Aber die Entscheidung für diesen Schritt und diesen Prozess trägt Shorti. Ich werde ihn nur einladen, es ihm aber nicht aufzwingen.

9. Treffen: Eigene Prozesse

Es geht Ende September entgegen. Wir treffen uns Montagmittag, da Shorti noch Urlaub hat. Ich merke sofort, dass etwas anders ist. Er wirkt distanzierter, seine Blicke sind unruhiger.

Wir fangen oberflächlich an zu reden, bevor er zum Thema kommt.

Shorti: »Nach dem letzten Termin war ich ziemlich aufgewühlt. Es ging mir echt nahe. Ich war irgendwie wütend.«

Ich finde es gut, dass Shorti sein Befinden so offen anspricht, bitte ihn, mit seinen Ausführungen fortzufahren, und frage, warum er konkret wütend ist.

Shorti: »Weil du mit deinen Fragen und Themen hinter meine Fassade geschaut hast. Damit habe ich nicht gerechnet. Ich war mit den ganzen Fragen über das Opferleid ganz schön aufgerissen. Ich wollte eigentlich nicht mehr dort hinschauen, weil ich dachte, dass ich es verarbeitet hätte. Ich habe doch meine Strafe dafür abgesessen und ich war der festen Überzeugung, dass ich mich niemals entschuldigen würde. Aber seit unserem letzten Gespräch schlafe ich schlecht und rede auch im Schlaf.

Ich konnte mich bestimmt vier, fünf Tage nicht richtig konzentrieren. Ich habe ständig nur an das Gespräch gedacht. Ich bin auch wütend auf mich. Warum habe ich es damals zugelassen? Ich habe mich echt schlecht gefühlt und fühle mich jetzt, nach drei Wochen, immer noch schlecht.«

Ich finde es gut, dass Shorti so klar darüber sprechen kann. Ich denke, dass solche Situationen entstehen können und auch dürfen. Er hat seine Strafe für seine Taten abgesessen, und trotzdem gibt es einen Teil in ihm, der sich meldet. Und wenn er es schafft, diese Gefühle bewusst wahrzunehmen und zuzulassen, so ist dies auch eine Stärke. Shorti kann jetzt entscheiden, ob er diese unangenehmen Gefühle annimmt und hinschaut und möglicherweise daran wächst, oder ob er sie wegschiebt, weil es bequemer ist und er so in seiner Komfortzone bleiben kann. Aber seine Gefühle werden sich wahrscheinlich weiterhin melden. Was meint Shorti dazu?

Shorti: »Ich war wirklich so getroffen, dass ich überlegt habe, ob ich das Buchprojekt abbrechen soll. Ich habe hin- und herüberlegt und habe alles Positive gegen das Negative aufgelistet und bin zu dem Ergebnis gekommen, dass ich weitermachen will, weil das Positive überwiegt.

Deine Fragen haben zwar eine Wunde bei mir aufgerissen, die ich jetzt nicht so einfach wieder zunähen kann, aber auch meine Freundin sagt, es ist der richtige Weg, noch mal hinzuschauen.«

Ich frage Shorti, was er einem Jugendlichen im Training raten würde, wenn es um seine Taten und seine Opfer geht?

Shorti: »Ich würde ihm sagen, dass er hinschauen und Verantwortung übernehmen soll. Auch wenn es sich für mich gerade schwer anfühlt, ist es der richtige Weg.«

Genau. Und so schätze ich Shorti auch ein. Es darf auch schwer sein. Damals war er in einer anderen Lebensphase, hat anders empfunden und überhaupt nicht darüber nachgedacht. Aber heute kann er als Mann, der mitten im Leben steht, noch einmal anders hinschauen, sich in seine Opfer hineinfühlen und Verantwortung für seine Taten übernehmen.

Er hat viele andere Menschen körperlich und psychisch verletzt und kann die Vergangenheit nicht rückgängig machen.

Shorti: »Ja, es ist nur so: Ich habe mich wirklich schwach und verletzbar gefühlt, wie damals bei der Therapievorbereitung. Mir sind meine Taten auch peinlich.

Aber in den zwei oder drei Wochen habe ich noch mal anders nachgedacht und mir viele Gedanken gemacht. Vor zwei Wochen hätte ich noch gesagt, ich wäre niemals dazu bereit, mich zu entschuldigen. Das hat sich schon verändert. Mittlerweile habe ich das Bedürfnis, mich bei meinen Opfern zu entschuldigen. Und das würde ich bestimmt auch zu neunundneunzig Prozent tun, wenn ich zufällig einem Opfer von früher auf der Straße begegnen würde. Ich weiß, dass er die Entschuldigung nicht annehmen muss. Aber ich habe das Bedürfnis seit dem letzten Gespräch.

Ich denke, es ist der richtige Weg, wenn ich mich entschuldigen würde. Ich bin sehr gläubig und es wäre auch eine Erwartung an mich selbst. Vielleicht könnten die Menschen von früher ebenfalls damit abschließen, wenn ich Verantwortung für meine Taten übernehme, und auch ich könnte meine innere Ruhe finden.

Wenn ich es schaffe, jemanden um Entschuldigung zu bitten, wäre ich stolz auf mich. Vielleicht kriegt die Person so auch ein Stück Leben zurück. Vielleicht sind die Menschen, die ich verletzt habe, auch innerlich gefangen. Vielleicht kann ich mit meinem Handeln Denkanstöße geben und schaffe es, dass sie auch wie ich über sich nachdenken.«

Shorti wirkt berührt. Ich finde, das, was er sagt, ist reflektiert und eine gute Einstellung, an die Situation heranzugehen. Und er hat recht: Wenn er bereit ist, sich zu entschuldigen, und es aufrichtig meint, kann es ihm trotzdem passieren, dass sein Gegenüber die Entschuldigung nicht annehmen kann, ihn vielleicht in der Situation auch blöd dastehen lassen will. Auch das wäre okay, denn eine Entschuldigung muss nicht zwangsläufig angenommen werden. Vergebung ist ein individueller Prozess, der Zeit benötigt und unterschiedliche Phasen durchläuft.

Ich denke, dass es um die innere Haltung geht. Und wenn er das Bedürfnis hat, sich zu entschuldigen, ist das sehr schön. Ob und wann er sich entschuldigen möchte, bestimmt er allerdings allein.

Shorti: »Ja und ich denke, ich werde es fühlen und dann danach handeln, wenn es so weit ist.«

Shortis Erleben und seine Ambivalenz haben auch viel mit den Rollenbildern zu tun, die Shorti für sich entwickelt und vorgelebt bekommen hat. In der Zeit, in der er inhaftiert war, konnte er solche Gefühle nicht zulassen, weil er selbst emotional überleben musste. Er hat gelernt, dass man als Mann keine Gefühle zeigen darf. Das würde Schwäche bedeuten. Aber er ist überhaupt nicht schwach, wenn er seine Gefühle wahrnimmt und auf sie hört. Im Gegenteil. Ich kenne viele Männer, die gewalttätig waren, die kaum noch Zugang zu ihren Gefühlen hatten und nur nach der Ratio handelten. Aber es ist schon ein cooles Männerbild, wenn auch Männer Zugang zu ihren Gefühlen haben, sie benennen und annehmen können. Das ist ein Prozess der Selbstverantwortung.

Shorti: »Ja, so ist es. Es ist ähnlich wie bei der Therapie damals. Das war auch ein schmerzhafter Prozess. Nach und nach hat sich etwas Positives daraus entwickelt. Und wenn ich diese Prozesse nicht zulasse, gehe ich fünf Schritte zurück anstatt vor und merke es noch nicht mal.

Ich habe echt die Zeit nach dem letzten Gespräch gebraucht und musste nachdenken. Es hat richtig in mir gearbeitet und rotiert. Ich hatte erst überhaupt keine Bereitschaft, um über eine Entschuldigung nachzudenken. Es war wie die Reaktion eines trotzigen Kindes. Wahrscheinlich um mich selbst zu schützen. Aber es hat sich einiges in mir verändert und es wird noch weiter in mir arbeiten.«

Das ist gut, und es kann sein, dass solche Situationen im Prozess unserer Zusammenarbeit öfter auftreten werden. Darauf sollte Shorti sich einstellen. In solchen Phasen ist es wichtig, diese Gedanken und Gefühle anzunehmen, gut für sich zu sorgen und sorgsam zu reflektieren.

Shorti: »Es ist echt wichtig, dass ich es wirken lasse und darüber nachdenke. Zudem spielt mein Glaube für mich eine große Rolle. Ich habe damals in Haft extra die Bibel gelesen, um einen Grund zu finden, warum ich nicht daran glauben soll. Aber genau das Gegenteil ist eingetreten. Ich habe irgendeinen Widerspruch erwartet, aber es ist keiner aufgetreten. Und so kam es dazu, dass ich es zugelassen habe. Ich habe mich dann irgendwann richtig darauf gefreut, die Bibel zu lesen. Es war richtig.

Seit ich die Bibel gelesen habe, habe ich einen anderen Zugang zu mir und zu meinem Herzen gefunden. Sobald mein Herz anfängt, schneller zu schlagen, weiß ich, dass ich hier noch mal hinschauen muss.

Auch jetzt bin ich bereit, mir die Themen anzuschauen, zu überlegen und einen Umgang damit zu finden. Ich merke, dass mir Ehrlichkeit echt wichtig ist.«

Das Gespräch wird noch nachwirken, da bin ich mir sicher. Shorti wirkt müde.

Es war wichtig, Shortis Gefühle anzusprechen und diese Ebene zu klären. Hätten wir nicht darüber gesprochen, wären Störungen in der weiteren Zusammenarbeit aufgetreten. Auch ich kann sagen, dass es ein fruchtbares Gespräch war, dass ich Respekt davor habe, in welcher Klarheit Shorti seine Emotionen benennt, und dass er in den letzten Wochen starke innerliche Prozesse zugelassen hat, auch wenn diese schmerzhaft waren. Viele andere hätten das nicht geschafft. Sie hätten sich vielleicht abgelenkt, sich betäubt oder die Verantwortung auf ihre Opfer geschoben. Shorti hat in diesem authentischen Gespräch viel Verantwortung übernommen. Wir sitzen an diesem Tag noch einige Zeit mit seiner Freundin zusammen und besprechen die Situation und die unterschiedlichen Empfindungen. Shortis Freundin Jay bestärkt ihn, noch einmal hinzusehen und bewusst auf das Leid seiner damaligen Opfer zu achten. Shorti kann dies im Laufe des Gesprächs immer mehr annehmen und zulassen.

10. Treffen: Erneute Inhaftierung

Unser nächstes Treffen ist erst Ende Dezember. Es gab eine Arbeitspause von drei Monaten. Dies lag unter anderem an Urlauben, Krankheit und dem Arbeitsplatzwechsel von Shorti. Er hat einen neuen Job, und wir können uns nur noch nachmittags treffen. Dies ist viel schwieriger mit meinen Arbeitszeiten zu vereinbaren. Einige Termine, die wir ausgemacht hatten, hat Shorti mir immer wieder aus den oben genannten Gründen abgesagt. Er hat ein schlechtes Gewissen bekommen und sein Wunsch, weiterzuarbeiten, war groß. Vielleicht hat er nach den letzten beiden Gesprächen im September auch etwas Zeit gebraucht.

Wir haben uns auf zwei Veranstaltungen kurz gesehen und hatten SMS-Kontakt bzw. haben miteinander telefoniert.

Als ich heute in Remscheid ankomme, ist es nass und kalt. Shorti hat noch Urlaub. Er wirkt etwas angespannt. Die Weihnachtstage waren nicht so erholsam für ihn. Wir haben Ruhe, da alle ausgeflogen sind. Um erstmal reinzukommen, reden wir über die letzte Zeit und was alles so passiert ist.

Es ist nach dieser Zeit gar nicht mehr so leicht, den Anschluss zu finden. In den letzten Gesprächen ging es unter anderem um seine Zeit nach der ersten Inhaftierung in Siegburg. Shorti wurde dort entlassen und hat dann relativ schnell wieder angefangen, Straftaten zu begehen.

Wie ging es dann konkret nach der ersten Inhaftierung weiter?

Shorti: »Ich war so schnell wieder in meinen alten Strukturen und habe dort weitergemacht, wo ich vorher aufgehört habe. Ich habe Körperverletzungen, einen Raub sowie Diebstähle begangen. Zudem habe ich mit Drogen gehandelt und diese auch konsumiert. Ich hatte nach kürzester Zeit schon wieder etliche Anzeigen vorliegen, die alle schön gesammelt wurden. Nachdem ich ein paar Monate in Freiheit war, gab es allerdings den Bewährungswiderruf. Ich bin dann in die Jugendhilfemaßnahme gekommen, die aber auch nichts gebracht hat. Auch danach habe ich mit Straftaten weitergemacht, sodass es wieder einen Bewährungswiderruf mit Haftbefehl gab.«

Von der Jugendhilfemaßnahme hat Shorti ja schon in einem anderen Abschnitt berichtet. Warum gab es den Haftbefehl?

Shorti: »Wir haben abends einen Einbruch in einem Waffengeschäft begangen. Wir haben Waffen geklaut und sind anschließend ohne Ticket Bus gefahren. Natürlich waren da dann zwei Kontrolleure. Da wir uns nicht ausweisen konnten und wollten, haben diese direkt die Polizei gerufen. Ich bin dann geflüchtet. Eine Waffe hatte ich in der Hand. Die Polizei war dann plötzlich überall. Sie haben auf mich gewartet und einer ist auf dem Motorrad hinter mir hergefahren. Durch eine Unterführung durch. Als die Polizei dann auf mich traf, hatte ich zwei Waffen in der Hand. Sie haben mich aufgefordert, die Waffen niederzulegen. Ich habe kurz gezögert und überlegt, was ich tun soll. Dann habe ich gesehen, dass noch Passanten mit Kindern dort waren. Der ganze Platz war abgesperrt worden. Das ging alles sehr schnell. Ich wusste dann, dass ich aus der Situation nicht mehr rauskomme. Ich habe gemerkt, dass es gefährlich für mich wird. Die Polizei hätte auf mich schießen können, weil ich die Waffen in der Hand hatte. Ich habe sie dann auf den Boden gelegt und wurde festgenommen.

Anschließend bin ich erstmal eine Nacht in Polizeigewahrsam gekommen, wo ich am anderen Morgen nochmals erkennungsdienstlich erfasst wurde. Es wurden also neue Fotos von mir gemacht und meine Fingerabdrücke wurden auch genommen. Danach bin ich direkt dem Haftrichter vorgeführt worden. Der hat natürlich Haftbefehl erlassen. Ich saß dann erst wieder kurzzeitig in Wuppertal ein und wurde kurz darauf, als der Bewährungswiderruf rechtskräftig war, nach Siegburg in die JVA verlegt.

Ich habe dann insgesamt wegen dem Bewährungswiderruf zwei Jahre Haft bekommen. Hinzu kamen noch ein paar Monate für die neuen Anzeigen und Straftaten. Die Strafen wurden dann direkt zusammengezogen und mit drangehängt.«

Shorti hat bewusst neue Straftaten begangen. Wie hat es sich angefühlt, das zweite Mal verurteilt zu werden?

Shorti: »Es waren gemischte Gefühle. Auf der einen Seite war ich enttäuscht von mir, dass die Polizei mich auf diesem Wege erwischt hat und dass ich mich habe erwischen lassen. Auf der anderen Seite fand ich es cool, dass die anderen vor mir Respekt hatten. Ich war zu diesem Zeitpunkt noch nicht so weit, etwas zu verändern. Auch wenn ich wieder inhaftiert wurde, hat es noch nicht klick gemacht.«

Shorti hatte also ein zweites Wiedersehen mit der JVA Siegburg.

Shorti: »Ja, aber dieses Mal bin ich nicht wie vorher zurück ins C-Haus gekommen. Das war das Jugendhaus. Jetzt bin ich in den B3-Flügel gekommen. Hier war es anders. Es waren viel ältere Zellen. Irgendwie für die Versager. Der B-Flügel lag direkt neben dem Erwachsenenvollzug, sodass es Kontakt zu den erwachsenen Inhaftierten gab. Zudem waren die Inhaftierten im B-Flügel schon älter. So zwischen einundzwanzig und dreiundzwanzig Jahren. Hier ging es wesentlich aggressiver zu, hier musste man sich beweisen. Das war die Grundstimmung in dem Haus.

Obwohl ich in einen neuen Flügel kam, kannte ich trotzdem einige Inhaftierte. Dort waren auch Leute, die wie ich wieder inhaftiert wurden. Aber es war irgendwie anders und nicht mehr so gut strukturiert. Statt mit zwei Leuten duschen zu gehen wie im C-Haus, mussten wir hier mit zwanzig Leuten duschen. Es waren auch keine Beamten dabei. Die standen vor der Tür und haben uns eingeschlossen. Das war eine etwas schwierige Geschichte. Auf der einen Seite war die Stimmung hochexplosiv. Ein falscher Blick, ein Anrempler konnte zu einer Schlägerei führen. Es gab viele Schlägereien in den Duschen. Und Geschäfte wurden hier oft gemacht. Aber wenn etwas war, waren keine Beamten da. Die haben nichts mitbekommen oder wollten es nicht.

Auf der anderen Seite ist duschen auch Luxus, weil man ja nicht jeden Tag duschen kann. Jeder hat nur zehn Minuten Zeit, dann wird das Wasser kaltgestellt. Es war also auch gleichzeitig etwas Besonderes. Trotz der explosiven Stimmung.

Es gab aber auch einige Inhaftierte, die einen Antrag gestellt haben, um alleine duschen gehen zu können. Dies führte in der Gruppe natürlich dazu, dass sich alle fragten warum. Aber keiner bespricht es mit der betreffenden Person. Stattdessen entstehen Gerüchte. Und wenn Gerüchte entstehen, dann wird direkt vom Schlimmsten ausgegangen. Nämlich, dass es bestimmt ein Sexualstraftäter ist. Derjenige kommt also sofort in eine Rolle und kriegt ein Etikett. Dementsprechend wird er dann auch behandelt. Warum und aus welchen Gründen einer tatsächlich einen Antrag zum Einzelduschen stellte, wurde gar nicht wirklich hinterfragt. Er hätte genauso gut krank sein oder einen Ausschlag haben können.«

Wie war Shortis Tag in der JVA dieses Mal strukturiert? Ist er z. B. wieder zur Schule gegangen?

Shorti: »Schule war nicht mehr. Trotzdem hatte ich das Glück, dass ich arbeiten gehen konnte. Der Chef vom Therapiehof erkannte mich wieder und fragte mich, ob ich wieder anfangen wolle. Da ich schon mal dort gearbeitet habe und mich auf dem Hof frei bewegen konnte, habe ich dann einen Antrag geschrieben und es hat geklappt.

Ansonsten habe ich meine Zeit viel damit verbracht, mich zu beweisen und mit anderen aneinanderzugeraten. Ich hatte das starke Bedürfnis, mich noch mehr zu beweisen und zu zeigen, dass ich kein Opfer bin. Ich brauchte das irgendwie, um meine Wut rauszulassen. Zudem hatte sich rumgesprochen, dass ich mir nichts gefallen lasse und die anderen hatten Respekt vor mir. Das wollte ich ja.

Ich habe dann auch angefangen, andere Inhaftierte abzuziehen und für meine Zwecke zu gebrauchen.«

Was meint Shorti genau damit?

Shorti: »Erstmal habe ich abgecheckt, wer in der Opferrolle ist. Das ist leicht zu erkennen. Zum einen an der Körpersprache, zum anderen daran, wer sich nicht wehrt, wenn er zum Beispiel angerempelt wird. Wenn einer nicht darauf reagiert, ist er auf jeden Fall leichte Beute. Er ist ein Opfer, das sich nicht traut.

Wenn ich dann wusste, wer das Opfer war, habe ich ihm freundlich Schutz angeboten. Ich habe ihn dann auch wirklich beschützt, was meistens dankend angenommen wurde. Im Gegenzug musste derjenige für zwanzig Euro im Monat für mich Einkäufe erledigen. Ich wollte es erst allein aufziehen, aber es hat sich dann schnell eine Gruppe gefunden, und wir haben es zusammen gemacht.

Dann habe ich mir von Leuten Schmuck und Anziehsachen ausgeliehen und diese weiter nach draußen gegeben. Ich war erst nett und freundlich, und wenn ich hatte, was ich wollte, habe ich gesagt, dass er die Sachen nicht mehr wiederkriegt. Was hätte er machen sollen? Ich wusste, dass sich mit mir keiner anlegt, vor allem nicht solche Opfertypen. Ich hätte sofort zugeschlagen oder jemandem mit der Rasierklinge das Gesicht zerschnitten. So war ich drauf. Mich hat nichts mehr gehalten. Und das wussten die anderen. Es hat nie jemand etwas dazu gesagt. Das war für mich ein leichtes Spiel. Ich hatte meinen Plan und meine Hintergedanken. Es ging nur um meine Bedürfnisse.«

Es ist schon erstaunlich, wie manipulativ und ausbeutend Shorti damals war und dass er gelernt hat, seine Bedürfnisse durch Bedrohungen und Gewaltanwendungen zu stillen. War es nur eine Androhung oder eine Gewaltfantasie oder hat er es ernsthaft umgesetzt?

Shorti: »Es war keine Fantasie. Ich war damals wirklich so drauf, dass ich jemandem ohne Skrupel das Gesicht zerschnitten hätte. Ich war brutal und hatte keine Hemmungen mehr.«

Shorti war jetzt das zweite Mal inhaftiert. Hatte er dieses Mal ernsthafte Gedanken, etwas in seinem Leben zu verändern?

Shorti: »Ich hatte eine verkürzte Haftstrafe, weil ich durch die Hilfe meines Anwalts nach vierzehn Monaten einen Antrag auf Verkürzung der Haftzeit stellen konnte. Ich hatte einen festen Wohnsitz, und er hat mir bei einer Zeitarbeitsfirma einen Job besorgt. So hatte ich gute Voraussetzungen. Durch die Hilfe meines Anwalts brauchte ich dann nur zwei Drittel der Zeit absitzen.

Aber ich hatte keinen Urlaub und keinen Ausgang mehr, weil ich mich so schlecht verhalten habe. Ich war viel aggressiver als im C-Haus und habe mich oft nicht an die Regeln gehalten, sondern bin immer wieder durch meine Aggression und Wut aufgefallen.

Es kamen dann zum Ende der Haft mehr Gedanken auf, dass ich etwas verändern möchte. Ich wollte dieses Mal ernsthafter und straffrei leben. Ich wollte einen Job und mir eine Zukunft aufbauen. Meine Vorsätze haben leider nur so lange gehalten, bis ich mich Remscheid genähert habe und die Tore der JVA hinter mir lagen. Dann war wieder alles weg, so als ob meine Vorsätze nie dagewesen wären.«

Wie hat seine Familie bei der erneuten Inhaftierung reagiert? Haben sie ihn noch regelmäßig besucht oder sich von ihm abgewandt?

Shorti: »Meine Familie war natürlich enttäuscht, dass ich schon wieder im Gefängnis war. Das haben sie mir auch ständig vorgehalten. Es gab immer wieder Vorwürfe. Manchmal habe ich gedacht, dass ich meine guten Vorsätze vielleicht hätte aufrechterhalten können, wenn meine Familie mich mehr unterstützt hätte. Aber so? Ich habe immer nur gehört, dass ich nichts kann und dass aus mir nichts wird. Irgendwann habe ich dann nur noch auf Durchzug geschaltet.

Meine Familie hat mich auch nach wie vor in Siegburg besucht. Materiell wurde ich immer gut versorgt von ihnen. Aber die Enttäuschung und die Vorwürfe, die ich durch meine Familie erfahren habe, haben nichts besser gemacht. Als ich noch frei war, habe ich meine Wut und Enttäuschung darüber oft in Schlägereien ausgelebt. Auch im Knast war es nicht anders.

Irgendwann konnte ich es nicht mehr hören. Sie wollten mir Tipps geben und alle hatten selbst genügend Probleme. Die hätten sich doch erstmal auf sich selbst konzentrieren können.

So war es oft bei den Besuchskontakten. Statt sich zu freuen mich zu sehen, habe ich dann erstmal Vorwürfe oder Tipps bekommen. Ich habe damals allerdings auch komplett ausgeblendet, wie es für meine Eltern war, dass ihr Sohn im Gefängnis sitzt. Das sehe ich heute auch anders.

Im Prinzip waren die Besuche oft unterkühlt. Wenn meine Mutter mal geweint hat, habe ich den Kontakt abgebrochen, weil ich es nicht gebrauchen konnte. Es tat mir etwas leid, aber es hat überhaupt nicht zu meinem damaligen Leben gepasst.

Ebenso habe ich die Kontakte abgebrochen, wenn ich nicht das bekommen habe, was ich wollte. Wenn ich mal kein Geld oder keine materiellen Dinge beim Besuch bekommen habe, dann bin ich wieder auf meine Zelle gegangen. Die Sachen kamen dann immer wenige Tage später per Post.«

Shorti hat seine Familie also emotional erpresst. Seine Eltern konnten es nicht aushalten, wenn er den Kontakt abgebrochen hat. Sie hatten vermutlich Schuldgefühle, dass er im Gefängnis war. Damit hat er immer seinen Willen bekommen. Hat er es denn dieses Mal offen angesprochen?

Shorti: »Nein, es gab keine offene Kommunikation bei uns. Aber ich wusste es und ich habe es mir zunutze gemacht. Damals habe ich es auch tatsächlich so gesehen, dass meine Eltern mit daran schuld sind, dass ich im Gefängnis war. Aber ich konnte es ihnen nicht offen sagen. Ich habe sie so bluten lassen. Das war der Weg, meine Bedürfnisse durchzusetzen. Und so hat es immer funktioniert.

Abgesehen davon konnten meine Eltern mir nicht das Gefühl geben, wirklich Interesse an mir zu haben. Das habe ich nicht von ihnen bekommen. Nur diese Ratschläge, wie ich mich verhalten soll.

Die einzigen, die ich etwas an mich heranlassen konnte,

waren meine Omas. Meine Omas haben mir nie Ratschläge gegeben. Sie haben sich immer auf den Besuch gefreut und darauf, mich zu sehen. Sie wollten einfach nur wissen, wie es mir geht. Das war irgendwie schön. Deshalb habe ich mich auf meine Omas auch gefreut. Soweit ich es damals zulassen konnte.«

Ich frage mich, ob Shorti sich nicht einsam gefühlt hat. Hatte er nicht den Wunsch nach Nähe und Kontakt?

Shorti: »Nein, Nähe und Kontakt waren gefährlich. Ebenso Gefühle zuzulassen. Ich wollte um jeden Preis kühl und berechnend sein. Meine Struktur durfte durch Gefühle nicht durcheinandergebracht werden. Mein Ziel war es, meine Bedürfnisse durchzusetzen und meine Eltern bluten zu lassen. Ich habe mir ein Schutzschild aufgebaut und es aufrechterhalten. Damals war es mir egal. Mir war alles egal.«

Shortis Erzählungen sind voller Schmerz und Enttäuschung. Sich so kontrolliert und berechnend zu zeigen und sich nicht einlassen zu können, war für ihn lebensnotwendig, um emotional überleben zu können. Dadurch, dass er seine Familie für seine Bedürfnisse benutzt hat, hatte er das Gefühl, etwas Kontrolle zurückzugewinnen. Kontrolle ist in einem Lebensraum wie dem Gefängnis sehr wichtig. Denn hier geben die Inhaftierten ihre Kontrolle und ihre Rechte an der Tür ab.

Er kannte keine Gefühle oder positiven Bindungen und er hat erlebt, dass er niemandem vertrauen kann und darf. Dies hat ihn leider einen Weg beschreiten lassen, bei dem er oft sehr brutal und gewaltbereit vorgegangen ist und viel in sich unterdrückt hat. Ein Teil in ihm wird sich ganz sicher nach Nähe und Geborgenheit gesehnt haben. Nur diesen Teil konnte und durfte er nicht zulassen.

Der Wunsch nach Stärke, Macht und Kontrolle hat ihn

immer berechnender werden lassen. Damit hat er im Prinzip nicht nur andere Menschen verletzt, sondern auch sich selbst.

Zudem wird aus seinen Erzählungen deutlich, dass seine Hemmschwelle immer weiter gesunken ist. Hatte er bei seinem ersten JVA-Aufenthalt in Siegburg noch den Kodex, dass er sich keine Opfer suchte, so hat er hier Menschen bewusst für seine Bedürfnisse benutzt, manipuliert und abgezogen.

Seine Entwicklung und sein Werdegang wurden durch Gewalt, Brutalität, Macht, Drogen und die Unterdrückung seiner Gefühle bestimmt.

11. Treffen: Zeitstrahl

Es geht auf Mitte Februar zu. Ich fahre an einem kalten und nassen Samstagvormittag zu Shorti nach Remscheid. Das Wetter dort ist tatsächlich immer kälter und grauer als in Köln.

Der fast gewohnte Ablauf erwartet mich. »Bär« rennt aufgebracht und bellend auf mich zu und will mich anspringen. Zum Glück kann ich ihn selbst so weit bändigen, dass er »Sitz« macht und nicht mit seinem massigen Körper gegen mich springt. Shorti gibt mir dieses Mal erst viel später ein Leckerchen. Will er, dass »Bär« mich frisst?

Wir hatten am Tag vorher WhatsApp-Kontakt. Ich habe ihn gefragt, ob ihn etwas blockiert, weil er wiederholt Termine für das Buchprojekt abgesagt hat und ich das Gefühl habe, dass wir so schlecht weiterkommen. Ich will ihn nicht unter Druck setzen, glaube aber, dass es etwas gibt, das in ihm arbeitet.

Shorti macht mir netterweise einen Kaffee, und wir fangen an, über die Situation zu reden. Er hatte seine Gründe und er fühlt sich zudem von mir infrage gestellt.

Shorti: »Ich war echt wütend auf dich. Natürlich will ich das Projekt machen. Es ist nur so, dass ich durch meinen neuen Job viel zu tun habe und mich auf weitere Prüfungen vorbereiten muss. Der Alltag mit Kleinkind ist ebenfalls schwierig.«

Ich sage ihm, dass ich den Eindruck habe, dass ihn etwas blockiert, das er vor sich herschiebt. Hat es mit dem Termin im September zu tun, als wir über das Leid der Opfer gesprochen haben? Als Shorti sich berührt und auch verletzlich gezeigt hat?

Shorti: »Ja, es ist schon so, dass sich seitdem etwas verändert hat. Ich schlafe manchmal schlecht und habe nicht immer gute Laune. Ich schäme mich einfach für das, was ich getan habe. Und es ist noch etwas anderes passiert: Du hast mir mein Schutzschild genommen. Früher war mir immer alles egal und ich habe Situationen oder Menschen einfach weggedrückt und mich nicht weiter damit beschäftigt. Es gab eine Grenze und keiner hat mich erreicht. Aber jetzt: Ich fange an, mir mehr Gedanken zu machen. Ich fange an, mehr Vertrauen zu Menschen aufzubauen. Und ich merke, dass ich manche Menschen, zum Beispiel aus meiner Familie, nicht einschätzen kann. Ich merke, dass sie mich anlügen, und es ist mir nicht mehr egal. Ich will damit einen Umgang finden, weiß aber nicht wie. Ich spreche es natürlich an. Aber dieses Gefühl bleibt und ist anders. Ich fühle mich unsicher und verletzbar. Das ist kein schönes Gefühl. Etwas verändert sich, und ich habe noch keinen neuen Boden unter den Füßen. Das fühlt sich ganz schön scheiße an.

Aber ich habe mich für das Projekt entschieden, und wir werden es weiter durchziehen.«

Dass Shorti gerade diese Entwicklung durchmacht, finde ich gut. Ich bestärke ihn, dass es normal ist, dass man sich unsicher und verletzbar fühlt, wenn man neue Wege geht und sich neue Sachen entwickeln. Es wird sich aber mit der Zeit verändern, wenn er einen neuen Umgang mit der Situation gefunden hat.

Alle Menschen haben Phasen in ihrem Leben, in denen sie sich unsicher und verletzbar fühlen. Wichtig ist, dass wir diese Phasen annehmen und nicht vor ihnen weglaufen, weil es sich unangenehm anfühlt. Nur so können wir uns entwickeln und wachsen. Es wird sich ein neuer Boden unter Shortis Füßen bilden, auf dem er auch im Laufe der Zeit fest und sicher stehen wird.

Wir benötigen einige Zeit, um darüber zu sprechen. Dann kommt der Punkt, an dem es okay ist und wir weiter an dem Buch arbeiten können. Gut ist, dass Shorti anfängt, seine Gefühle von sich aus mit mir zu besprechen, wenn solche Situationen in unserer Zusammenarbeit auftreten.

Ich merke langsam, dass ich die vielen und unterschiedlichen Inhaftierungen von Shorti nicht so leicht zuordnen kann. Um mehr Klarheit zu bekommen, bitte ich ihn darum, dass wir einen Zeitstrahl mit seinen unterschiedlichen Stationen erarbeiten.

Shorti fängt an zu erzählen und es kommt folgendes Ergebnis heraus:

14 Jahre:
   Untersuchungshaft in Wuppertal für ein paar Wochen

Entlassung auf Haftprüfung,
Shorti begeht neue Straftaten.

Verurteilung zu 36 Monaten
JVA Wuppertal für ein paar Wochen

Überführung in die JVA Siegburg

Entlassung aus der JVA Siegburg nach 33 Monaten

Shorti geht zurück nach Hause,
begeht neue Straftaten.
Das Jugendamt wird aktiv.

Shorti wird ein Jahr in einer Jugendhilfemaßnahme in Dülmen untergebracht.
Er erhält zudem wieder Bewährung.
Nach sieben Monaten bricht Shorti die Maßnahme ab und haut ab nach Remscheid.
Es folgen neue Straftaten, die ihm nicht alle nachgewiesen werden können.

Es folgen neue Anhörungen,
die Bewährung bleibt.

Shorti begeht weiterhin neue Straftaten.
Der Bewährungswiderruf folgt.

Inhaftierung in die JVA Wuppertal

Verlegung in die JVA Siegburg für ca. 16 bis 18 Monate

Entlassung und zurück nach Remscheid

Neue Straftaten und neue Anzeigen,
etwa neun neue Anzeigen innerhalb von drei Monaten

Erneuter Bewährungswiderruf,
dann Aufenthalt in der
JVA Düsseldorf für drei bis vier Monate

Überführung in die JVA Siegburg

Shorti wird nach ca. 18 Monaten Haft mit einer erneuten
Bewährung von 12 Monaten auf drei Jahre Haft entlassen.

Rückkehr nach Remscheid,
neue Straftaten folgen,
er lebt
ca. 5 Monate in Freiheit

Erstmalige Verurteilung nach Erwachsenenstrafrecht,
diese wird zur Bewährung ausgesetzt.
Auflage, in einer stationären Einrichtung für straffällig gewordene Männer in Bochum zu leben

Rauswurf nach einem Monat,
Shorti hält einem anderen Teilnehmer ein Messer an den Hals

Ca. einen Monat in Remscheid,
Bewährungswiderruf folgt

Erstmalige Verurteilung durch das Landgericht:
vier Jahre und acht Monate Haft,
Androhung der Sicherheitsverwahrung,
Inhaftierung in der JVA Remscheid für ein Jahr.
Es wird deutlich: Shorti ist hier nicht tragbar.
Es droht die Bildung von Bandenkriminalität.

Verlegung in die JVA Wuppertal ins Erwachsenenhaus, bis in der JVA Bochum ein Platz frei ist.

Verlegung in die JVA Bochum,
es folgt die Therapievorbereitung.
Shorti trifft Entscheidungen und verändert sein Leben.

Wegen guter Führung darf er eine stationäre Therapie in Hagen machen.
Abbruch der Therapie nach sieben Monaten

Rückkehr nach Remscheid

Da er die Therapie abbricht, gibt es eine erneute Anhörung in Bochum.
Shorti verstößt gegen seine Bewährungsauflagen.

Shorti erhält zwei Jahre Bewährung plus die Auflage, in Remscheid eine ambulante Therapie zu machen und Termine mit seinem Bewährungshelfer wahrzunehmen.
Er geht arbeiten und macht keine weitere Therapie.

Da er sein Leben trotzdem in den Griff bekommt und bei der Anhörung sehr reflektiert auftritt, gibt es keinen erneuten Bewährungswiderruf, der mit einer Inhaftierung endet. Seine Bewährung wird nochmals um drei Jahre verlängert. Shorti wird nicht wieder straffällig.

Es ist gut, diesen Zeitablauf grafisch darzustellen, denn Shortis Leben ist sehr komplex, und durch die vielen Inhaftierungen wird es schnell unübersichtlich.

Shorti: »Mich macht es traurig, wenn ich diesen Ablauf sehe. Nur Knast, ich habe kaum in Freiheit gelebt. Letzte Woche hat meine Freundin in einer WhatsApp-Gruppe eine Nachricht bekommen, dass für eine Party Fotos von allen im Jugendalter gesammelt werden sollen. Alle Bekannten und Freunde in der Gruppe konnten ein Foto zusenden. Nur ich nicht. Von mir gibt es ab dem vierzehnten Lebensjahr bis zu meiner Freilassung mit Mitte zwanzig einfach kein Foto. Es ist, als ob diese Zeit nie in meinem Leben existiert hätte. Alle anderen haben Party gemacht, haben ihre Jugend gelebt und ich war im Knast. Ja, es macht mich traurig.«

12. Treffen: Einrichtung für straffällig gewordene Männer

Es ist Samstag, Anfang März. Es ist mal wieder kalt, grau und winterlich, als ich nach ungefähr fünfzig Kilometern Fahrt von Köln in Remscheid ankomme.

Shorti wirkt ruhig und entspannt. »Bär« lässt sich mit Leckerchen leicht beruhigen und wir haben eineinhalb Stunden Zeit, in denen wir weiterarbeiten können. Wir fangen direkt an.

Ich bringe Shorti heute den Ablauf seiner Inhaftierungen mit und breite die vier Seiten, die wir letztes Mal erarbeitet haben, vor ihm aus. Shorti blickt ungläubig auf die vier Seiten seines Lebens.

Shorti: »Das sind meine Stationen? Mir ist es peinlich, wenn ich das so sehe. Ich schäme mich dafür. Es gibt daran echt nichts Positives zu sehen.«

Es braucht einige Zeit, bis Shorti das Bild hat wirken lassen. Ja, es ist sein Leben und es sind seine Stationen und er hat die Zeit möglicherweise gebraucht, um nun an dem Punkt angekommen zu sein, an dem er jetzt ist.

Shorti hat viele unterschiedliche Stationen hinter sich gebracht. Er war in der JVA in Wuppertal, in Siegburg und in Remscheid. Das Muster war immer dasselbe. Er war nicht zu erreichen, ist mit der Zeit immer krimineller geworden und seine Hemmschwelle ist kontinuierlich gesunken.

Dann ist Shorti irgendwann nach etlichen neuen Straftaten in die JVA Düsseldorf gekommen. Was war hier anders? Er hat es letztes Mal kurz angesprochen.

Shorti: »Hier war ich nur für ein paar Wochen. Übergangsweise, bis ich einer neuen JVA zugewiesen wurde. Düsseldorf hat ein Auswahlverfahren gemacht. Ich wurde hier von einem Gutachter geprüft, der entschieden hat, in welche JVA ich komme.

Bis es so weit war, war ich normal inhaftiert. Düsseldorf war für eine JVA echt in Ordnung. Das Konzept war hier anders. Aber es war auch nur in dem Flügel so. Die Zellentür stand den ganzen Tag offen. Ich konnte mich jederzeit dahin bewegen, wo ich wollte. Ich konnte auch jederzeit duschen gehen. Auch die Freistunde zu nutzen, war jederzeit möglich. Ich habe hier getöpfert, Kicker und Fußball gespielt und mich unterhalten.

Ich war hier ja schon älter und habe auch Drogen in der JVA Düsseldorf konsumiert. Das war ja vorher nicht unbedingt der Fall. Aber je älter ich wurde, ich weiß nicht, aber irgendwie haben sich die Umstände geändert. Ich war jetzt schon öfter inhaftiert und habe mir dann irgendwann gedacht: Ich bin doch schon im Gefängnis, was soll jetzt noch passieren? Ich hatte dann zu dem Zeitpunkt auch keine Sorge mehr vor Konsequenzen. Mir war ja eh alles egal. Ich konnte mich auch durch Hasch gut betäuben und vor der Realität flüchten, wenn meine Gedanken mal wieder zu viel wurden.

Ich erinnere mich daran, dass ich in der Zeit oft berauscht war und viele Drogen konsumiert habe. Dann wurde auch ein Gutachten von mir erstellt, um mich psychologisch einschätzen zu können.«

Wie läuft so ein Gutachten ab?

Shorti: »Ich kam mir auf jeden Fall so vor, als ob ich zum TÜV muss. Funktioniert alles oder sind irgendwelche Leuchtmittel kaputt? Es war ein blödes Gefühl. Egal was du sagst, du kriegst einen Stempel. Ob bestanden oder nicht bestanden. Und dann tschüss. Du weißt ja vorher nicht, ob er positiv oder negativ ist.

Das Gutachten hat etwa zwei Tage gedauert. Eine Frau und ihr Praktikant kamen, haben mir Fragen gestellt und alles dokumentiert. Ich weiß noch genau, dass er immer reingeredet hat und mich das aggressiv gemacht hat. Ich wollte es nur hinter mich bringen. Ich habe mich in dieser Situation nicht ernst genommen gefühlt. Ein bisschen reden, ein bisschen schreiben und dafür kriegt die Frau so viel Geld?

Und dann höre ich, dass ich wieder nach Siegburg verlegt werden soll. Da ist doch schon alles gelaufen mit Schule. Die bieten nur Schule und Arbeit an, aber eine Ausbildung konnte ich dort nicht machen. Ich hätte es sinnvoll gefunden, wenn ich dorthin gekommen wäre, wo ich hätte eine Ausbildung machen können. Von der Zeit her hätte es gereicht. Düsseldorf, Iserlohn und Heinsberg bieten Ausbildungen an.«

Dann nahm alles seinen Lauf, und Shorti war nochmals in Siegburg für achtzehn Monate inhaftiert. Er ist wieder rausgekommen, hatte eine erneute Bewährung und dann wieder neue Straftaten verübt. Dann kam seine erste Verurteilung nach Erwachsenenstrafrecht. Was war hier anders?

Shorti: »Ich war, denke ich, so einundzwanzig Jahre alt. Es war wirklich anders als die Verfahren, die ich bisher nach Jugendstrafrecht kannte. Die Verhandlungen sind viel strenger, ich konnte nicht mehr so mit den Richtern und der Staatsanwaltschaft sprechen, wie ich es bisher gewohnt war.

Es gibt zudem viel härtere Strafen. Meine erste Verhandlung war im Landgericht in Wuppertal. Die sind dort viel härter. Bei Erwachsenen wird nicht mehr so hinterfragt und geschaut wie bei Jugendlichen. Es gibt keine Diskussionen.

Es gibt auch keine Freundlichkeit vor Gericht. Alle sind kalt und machen ihren Job. Ich habe die Staatsanwaltschaft als aggressiver erlebt. Ich habe auf jeden Fall eine Bewährung bekommen, mit der Auflage, dass ich ein erneutes Gutachten machen sollte. Zudem hat mein Bewährungshelfer es irgendwie hinbekommen, dass ich für zwei bis drei Jahre nach Bochum in eine Einrichtung für straffällig gewordene Männer gehen sollte.

Bis es losging, sollte ich die Zeit nutzen und ein weiteres Gutachten erstellen lassen. Das habe ich natürlich nicht getan, ich hatte damals für mich wichtigere Dinge zu tun. Erstens wollte ich dort nicht hin, zweitens wollte ich mit Geschäften etwas Kohle machen und musste ein paar private Sachen klären. Ich habe nach wie vor Drogen konsumiert.

Bis ich nach Bochum musste, habe ich bei meinem Vater gewohnt. Aber wir haben eher nebeneinander her gewohnt. Dadurch, dass ich volljährig war, musste ich ihm ja auch nichts mehr erzählen. Er hat auch nie gefragt, was los ist, und wusste auch von den Verfahren, die ich hatte, nichts.

Dann, ungefähr sieben bis zehn Tage, nachdem ich die Verhandlung vor dem Landgericht Wuppertal hatte, musste ich zu dem Erstgespräch nach Bochum. Ich hatte überhaupt keine Lust darauf. Schon als ich den Namen der Einrichtung gehört habe, habe ich mich total verarscht gefühlt. Die Einrichtung hieß Schuhkarton oder Holzkiste oder so ähnlich.

Die haben mir dann dort ihre Regeln erklärt und was sie von mir erwarteten. Das Ziel war, dass ich hier eine berufliche Perspektive entwickeln sollte. Eigentlich haben sie mir von vornherein gesagt, dass sie Bedenken haben, mich aufzunehmen, weil ich so viele Straftaten begangen habe. Die kannten ja meine ganzen Akten. Für mich war das Gespräch ätzend. Ich bin richtig nervös geworden, weil die mir ihre ganzen Regeln aufbrummen wollten. Ich hatte das Gefühl, dass ich nichts mehr selbst bestimmen kann. Ich wollte mich den ganzen Regeln auch nicht unterordnen und habe denen direkt gesagt, dass ich Schwierigkeiten habe, mich an Regeln zu halten.

Ich weiß noch, wie mein Bewährungshelfer sagte: Hoffentlich mache ich das Richtige. Er wollte mir helfen und hat nach möglichen Angeboten gesucht, aber ich wollte überhaupt nicht in diese Holzkiste.

Und dann musste ich nach ungefähr einer weiteren Woche dort einziehen. Ich bin dorthin gekommen und dachte nur: Oh mein Gott, Pflegestufe 12!

Die anderen Jungen beziehungsweise Männer dort waren für mich Ottos, Opfer, halbe Hähnchen. Keiner von denen hatte Eier in der Hose. Das waren diejenigen, die sich zu ihrer Knastzeit bestimmt verstecken mussten, weil sie einfach Opfer waren. Die hatten kein Rückgrat, waren leicht zu manipulieren und in sich gekehrt. Die haben direkt Abstand genommen, als sie mich gesehen haben.

Ich habe mich verarscht gefühlt, dass ich in diese Einrichtung musste. Da war so ein Typ, der sollte mir alles zeigen und mir den Ablauf vorstellen. Es gab auch einen Haushaltsplan und jeder war mal an der Reihe. Für mich war direkt klar: Ich werde hier nicht spülen, das werden die anderen schön für mich machen. Aber so weit kam es dann ja nicht mehr, weil ich vorher rausgeflogen bin.

Zum Glück hatte ich ein Zimmer für mich. Aber das konnte ich weder abschließen, noch durfte ich meine Poster von 2Pac oder meine Cannabisfahne aufhängen. Ich durfte auch keinen Kontakt nach Remscheid haben. Ich habe mich natürlich nicht an die Regeln gehalten. Ich habe dort oft Drogen genommen, bin auf Partys gegangen und bin zurückgekommen, wann ich es wollte.

Dann kam der Tag, an dem ich rausgeworfen wurde. Ein Typ dort hat aus meiner Sicht gelogen. Ich hatte ein Butterflymesser dabei und habe es schnell ausgeklappt und ihm an den Hals gehalten. Ich wollte ihm damals zeigen, dass hier eine Grenze ist. Der Typ war geschockt. Eine Betreuerin kam dazu und dann bin ich abgehauen. Sie wollte die Polizei rufen und eine Anzeige machen. Aber es ist nie eine Anzeige gekommen. Es war klar, dass ich sofort gehen musste und nicht mehr zurückkommen konnte.«

Was hat Shorti dann im Anschluss an den Rauswurf getan? Vor allem interessiert mich, wie er über seine Bedrohung gedacht hat?

Shorti: »Ich bin zum Hauptbahnhof gegangen und bin zu einem Kollegen nach Düsseldorf gefahren. Ich habe natürlich nicht über meine Tat nachgedacht. Ich habe mich damals im Recht gesehen. Ich habe mir keine Gedanken darüber gemacht, im Gegenteil: Ich habe mich von denen rausgeekelt und gemobbt gefühlt. Alle sind gegen mich. Das war mein Gefühl. Mir war zu dem Zeitpunkt auch alles egal. Es war mir egal, dass meine Bewährung und meine letzte Chance vorbei waren.

Erst viel später habe ich darüber nachgedacht und erfahren, dass diese Tat schon zu gefährlicher Körperverletzung zählt.«

Shorti war dann ungefähr einen Monat in Remscheid, bis der Bewährungswiderruf offiziell war, weil er gegen die Bewährungsauflagen verstoßen hat und aus der Einrichtung für straffällig gewordene Männer geflogen ist. Was hat Shorti in dem Monat getan?

Shorti: »Ich musste zum einen jede Woche zu meinem Bewährungshelfer und auch zur Polizei. Das ging mir dermaßen auf den Sack. Ich hatte keinen Bock mehr, ich wollte alle einfach loswerden. Zumal mein Bewährungshelfer immer so tolle Ideen hatte und mich in solche bescheuerten Einrichtungen stecken wollte. Ich fand in dieser Situation einfach alle Helfer falsch. Ich dachte immer, dass die nur Geld dafür kriegen und was bekomme ich? Was meinen Bewährungshelfer anbelangt, so habe ich mich damals echt verfolgt gefühlt. Es gab für mich keinen Weg an ihm vorbei. Ich war oft wütend auf ihn. Vor allem nach der Erfahrung in dieser Maßnahme in Bochum. Aber selbst als ich danach wieder inhaftiert wurde, ich bin ihn einfach nicht losgeworden. Ich wollte eine Endstrafe. Ich wollte einfach nur meine Strafe absitzen, damit ich danach nie wieder etwas mit ihm zu tun haben muss. Aber das Gericht wollte es nicht. Die haben mich extra früher entlassen und auf Bewährung gesetzt, damit ich wieder meinen Bewährungshelfer erhalte und der Staat mich kontrollieren kann. Ich bin ihn einfach zehn Jahre lang nicht losgeworden. Heute bin ich froh darum und sehe, dass er mir geholfen hat. Aber damals war ich frustriert und habe mich im Recht gesehen. Vor allem nach dieser Erfahrung in der Holzkiste.

Ansonsten habe ich in dem Monat, bis ich in der JVA Remscheid inhaftiert wurde, vor allem Straftaten begangen. Das waren im Durchschnitt zwei Straftaten am Tag. Meistens ging es um Körperverletzungen.

Ich musste mich auch draußen permanent beweisen. Entweder habe ich mir Typen gesucht, mit denen ich sowieso schon Stress hatte, und wir haben uns geschlagen, oder ich bin einfach rausgegangen und habe mir andere Typen zum Wegklatschen gesucht und es darauf angelegt. Ich habe mir vor allem die Machos rausgesucht. Es waren immer diejenigen, die stärker, älter und stabiler als ich waren.

Ich wollte meinen Ruf immer weiter ausbauen. Ich wollte, dass alle Angst und Respekt vor mir haben.

Ich habe diese Schlägereien wirklich gebraucht, um meinen Stress abzubauen, um Genugtuung zu erfahren. Ich brauchte die Gewalt, um mich gut zu fühlen.

Es hat mir einen Kick gegeben. Es war wie im Rausch. Es hat sich einfach gut angefühlt, zu schlagen. Und es hat sich ebenso gut angefühlt, wenn ich auch etwas abbekommen habe und einstecken musste. Wenn ich bei einer Schlägerei nichts abbekommen habe, war ich enttäuscht. Dann war es der Falsche für mich. Es musste ausgeglichen sein.

Gleichzeitig war ich zu dem Zeitpunkt schon so weit, dass ich unbedingt gewinnen wollte. Wenn ich verloren habe, dann bin ich von hinten noch mal drauf oder habe mir Gegenstände gesucht. Ich durfte nicht verlieren. Das Gefühl von Macht war mir wichtig. Selbst wenn jemand am Boden lag, dann habe ich zu den Zeiten noch mal zugetreten oder ihn erniedrigt. Ich habe ihn über den Boden geschleift und er durfte nicht aufstehen.

Der Sinn von Körperverletzungen war für mich damals: mich stark fühlen, mich lebendig fühlen und Macht haben.

Ich habe damals bei jeder Gelegenheit daran gearbeitet, mir einen gefährlichen Ruf aufzubauen. Alle sollten Angst vor mir haben. Irgendwann war es auch so und alle hatten Angst und Respekt. Es haben sich nur noch wenige an mich herangetraut.

Einmal kamen fünf Typen, erwachsene Männer um die vierzig Jahre aus Holland zu mir nach Hause. Ich war bei meiner Mutter. Sie kamen mit Messern und wollten mir Angst machen. Ich habe ein Küchenmesser geholt und bin auf den Flur gegangen. Wir haben uns geschlagen und einer zog auch sein Messer. Wir haben versucht, aufeinander einzustechen, aber wie durch ein Wunder haben wir uns nicht getroffen. Sein Messer verfehlte nur knapp meinen Kopf. Wir haben das Geländer und die Wand getroffen, aber nicht uns. Irgendwann rief einer von denen: Es reicht, wir müssen jetzt reden. Dann war es gut und wir haben geredet und die Sache geklärt.

Meine Mutter war geschockt und wollte die Polizei rufen.

Aber ich habe ihr gesagt, dass sie es nicht tun soll, weil wir sonst alle Probleme bekommen. Sie hat es dann nicht getan.

Aber in der Situation: Es war mir egal, es war mir egal, ob ich etwas abkriege oder nicht.

Erst danach dachte ich, dass es schon heftig ist und ich besser aufpassen sollte. Ich meine, die Typen sind zu fünft extra aus Holland zu mir gekommen und sie hatten Messer dabei. Die waren wirklich eiskalt und noch heftiger drauf als ich. Danach wollte ich auch keinen Kontakt mehr zu denen.

Ich war in den Tagen danach doch etwas geschockt und vor allem wachsamer und es hat an meinem Ego gekratzt.

Ich habe gedacht: Die machen Ernst, dann muss ich auch Ernst machen! Aber die hatten viel mehr auf dem Kerbholz als ich. Das war mir klar.

Dennoch: Wenn ich Gewalt ausüben konnte, habe ich mich sicher gefühlt. Gewalt bedeutete für mich tatsächlich Sicherheit. Sie hat mir immer gezeigt: Ich kann etwas und ich bin jemand. Es kommt nicht auf die Größe oder die Breite an.

Ich konnte mir mit der Ausübung von Gewalt etwas aufbauen. Das wollte ich mir nicht zerstören lassen.

Auf der Straße war ich sicher. Hier wusste ich, was los ist, hier konnte ich Gewalt anwenden. Anders als zu Hause. Hier war ich ein ganz anderer Mensch und habe mich immer unsicher gefühlt. Zu Hause war ich ruhig und angepasst.

Draußen auf der Straße habe ich mich jedoch stark gefühlt. Ich bin direkt in meine Rolle reingegangen und ich konnte und wollte diese Rolle nicht verlassen.«

Das, was Shorti beschreibt, erlebe ich häufiger bei Jugendlichen und jungen Erwachsenen. Deshalb ist es nicht zu unterschätzen, welche Vorteile (leider auf Kosten anderer) die Gewaltausübung hat. Hier haben vor allem junge Männer das Gefühl, jemand zu sein und etwas zu können. Wenn in allen anderen Bereichen im Leben alles schiefläuft, ist es für viele eine Möglichkeit, zu erleben und zu zeigen: ICH BIN WER!

Shorti schaut nachdenklich auf seine vielen Stationen der Inhaftierungen und sagt irgendwann: »Das so aufgelistet zu sehen, ist wirklich krass. Es macht es klarer. Es hätte einfach nicht sein müssen. Wenn ich jemanden kennenlernen würde, der so ein Leben hat: Ich würde ihn rauswerfen.«

Shorti schaut weiter nachdenklich auf seine Inhaftierungen.

»Mir wird jetzt erst bewusst, dass ich in diesen Jahren niemals Ruhe hatte. Ich konnte nie sagen, dass ich zufrieden bin: Es war immer nur Stress. Zehn Jahre lang.«

13. Treffen: Endstation JVA Bochum

Ostersamstag. Es liegt ein Hauch von Frühling in der Luft und die Sonne scheint bei freundlichen dreizehn Grad.

Um zwölf Uhr treffen wir uns in Shortis Wohnung. Heute ist wesentlich mehr los bei ihm. Seine Mutter ist da und kümmert sich um ihren Enkel. Sie wirkt ruhig und freundlich auf mich. Ebenso kommt sein Schwiegervater in spe unangekündigt vorbei, setzt sich zu uns und erzählt von sich. »Bär« ist heute besonders aufgedreht und bellt wegen jeder Kleinigkeit. Er kommt kaum zur Ruhe. Hoffentlich kriegt er keinen Herzinfarkt.

Für mich ist es interessant, Menschen aus Shortis Leben kennenzulernen. Shorti wirkt eher genervt und er wünscht sich, dass er »Bär« hätte ins Tierheim geben können, weil der Hund so anstrengend ist und weil er sich Ruhe zum Reden wünscht. Shortis Stiefsohn und seine Freundin kommen auch noch kurzzeitig hinzu.

Trotzdem haben wir noch genügend Zeit zum Arbeiten und können weitere Stationen in Shortis Leben besprechen.

Es folgt der erste Gefängnisaufenthalt in Remscheid nach Erwachsenenstrafrecht. Shorti fängt an zu erzählen.

Shorti: »In der JVA in Remscheid war es anders als bei allen Inhaftierungen vorher. Ich war ja nun mit den Erwachsenen zusammen. Es war hier viel ruhiger und entspannter. Kaum einer hatte das Bedürfnis, sich zu beweisen. Es wurde auch mal gelacht oder miteinander gesprochen. Die anderen Inhaftierten wollten keinen Stress. Die wollten ihre Ruhe, ihre Zeit absitzen und dann wieder raus. Das hatte zur Folge, dass auch ich ruhiger wurde und mich nicht mehr in dem Maße beweisen musste, wie es vorher der Fall war.

Ich habe dort niemanden geschlagen. Ich habe auch niemanden bedroht. Ich hatte hier zwar wieder eine Gruppe, aber alle waren ruhiger und konnten auch mal Sachen stehen lassen. Das war eine neue Erfahrung für mich. Eigentlich habe ich mich hier ganz wohl gefühlt.

Ich sollte in der JVA Remscheid meinen Realschulabschluss machen. Das war ein Haftziel und die Voraussetzung dafür, dass ich nach dem Schulabschluss in den offenen Vollzug hätte wechseln können. Aber so weit kam es nicht. Mein Schulbesuch hat genau einen Tag gedauert. Dann wurde der Vorwurf an mich herangetragen, dass ich mich mit anderen zusammentun würde, wir organisiert Verbrechen begehen würden und die Bildung von Bandenkriminalität drohe. Das konnte in der Form allerdings nicht nachgewiesen werden und es stimmte auch nicht, weil ich hier keine Gewalt ausgeübt habe. Die Begründung war zudem noch, dass ich nicht auf die Haftstation passen würde.

Zwei Tage, nachdem ich diese Infos bekommen hatte, wurde ich schon nach Wuppertal verlegt. Hier war ich nur für wenige Tage, weil ich auf einen Platz in der JVA Bochum warten sollte und hier noch nichts frei war.

Ich weiß noch, dass ich an einem Dienstag nach Bochum gekommen bin. Bochum war für mich in der Rückschau die wichtigste Inhaftierung überhaupt, denn die JVA Bochum bedeutete Endstation. Es ist wie ein Bunker. Hier kommt der ganze Abschaum hin. Dort ist man nichts mehr wert. Als ich in Bochum angekommen bin, hat sich alles so dunkel, kühl und nass angefühlt. Das war das Grundgefühl dort. Es gab deutlich spürbare Spannungen zwischen den Inhaftierten. Hier mussten sich die Inhaftierten wieder beweisen und es gab häufig Gewalt untereinander. Hier waren viele Unbelehrbare, die ein hohes Gewaltpotenzial haben und von anderen Gefängnissen hierher verlegt wurden. Viele haben

Sicherheitsverwahrung bekommen. In Bochum ist die Hölle. Es ist kein schöner Ort.«

Sicherheitsverwahrung bedeutet, dass die Gesellschaft vor sehr gefährlichen Straftätern geschützt werden soll, da von ihnen eine hochgradige Gefahr für die Allgemeinheit ausgeht und schwerste Gewalt- oder Sexualtaten zu erwarten sind. Die Sicherheitsverwahrung findet im Anschluss an die Haftstrafe statt. Sie ist unbefristet und muss einmal im Jahr überprüft werden. Besteht laut Gutachter eine weitere Gefährdung, bleibt die Sicherheitsverwahrung bestehen. Besteht keine Gefährdung mehr, kann die Sicherheitsverwahrung zur Bewährung ausgesetzt werden mit Führungsaufsicht (eine besondere Form der Bewährung). Wenn sich ein Inhaftierter in Sicherheitsverwahrung befindet, so hat er keine Klarheit darüber, ob er jemals wieder rauskommt ‚und wenn ja, wann das sein wird.

Ich frage Shorti, wie er in der JVA Bochum angekommen ist und wie er dort in Kontakt mit den anderen Inhaftierten gekommen ist?

Shorti: »Ich bin mit zwei anderen Männern auf eine Gemeinschaftszelle gekommen. Die beiden waren schon vor mir da. Ich habe mich vorgestellt und etwas Small Talk geführt. Das war's. Über meine Straftaten habe ich nicht gesprochen.
  Ich weiß noch, dass es nur ein freies Hochbett gab. Das obere Bett war frei. Ich wollte aber nicht dort oben schlafen und habe erzählt, dass ich Höhenangst habe und mich da oben nicht wohlfühlen würde. Ich habe dem Inhaftierten A, der unten geschlafen hat, viel Aufmerksamkeit gegeben und ihm gesagt, dass wir uns gegenseitig unterstützen können. Er hat mir dann freiwillig sein Bett angeboten. Hätte er es nicht getan, hätte ich Gewalt angewendet. Er war mir im Prinzip auch egal, es ging mir nur um mich.

Aber der Typ A ist voll auf meine Aufmerksamkeit abgegangen. Er hat noch viel mehr für mich getan. Er hat mir sein Handy geliehen und seinen Einkauf mit mir geteilt. Ich habe ihm im Gegenzug das Gefühl gegeben, dass ich für ihn da bin und ihn unterstütze. Aber ich war nicht für ihn da. Es ging mir nur um mich. Alles andere war mir egal.

Eine Beamtin sagte dort zu mir: Was stellst du dir vor? Du bist noch so jung. Was sind deine Ziele? Du hängst hier nur mit Mördern ab und mit Leuten, mit denen keiner etwas zu tun haben will.

Aber auch das war mir egal. Ich habe mir die Leute gesucht, mit denen ich etwas anfangen konnte. Siebzig Prozent der Inhaftierten glauben, dass der Knast locker ist, und sie werden dann zum Opfer. Zu diesen siebzig Prozent wollte ich nicht gehören.

Ich war etwa drei Monate mit dem Typ A und noch einem anderen auf der Zelle. Die beiden waren nur zeitinhaftiert und wegen kleinerer Delikte dort: Fahren ohne Führerschein, Schwarzfahren, Taschendiebstähle.

Mit denen habe ich mich nicht identifiziert. Ich habe mir andere Leute gesucht und hatte schon nach kurzer Zeit Kontakt zu zwei lebenslänglich Inhaftierten. Mit denen habe ich mich gut verstanden.«

Was hat Shorti emotional mit den beiden lebenslänglich inhaftierten Männern verbunden?

Shorti: »Respekt, Stolz, Ehre. Wir kannten alle keine Gnade. Wir haben uns zusammen sehr stark gefühlt. Matthias war ein Hells Angel. Er saß lebenslänglich wegen Mord. Das habe ich von einem Beamten erfahren. Ich habe ihn in der Freistunde kennengelernt. Er hatte viele Muskeln und war gut trainiert. Er war damals so Mitte, Ende vierzig. Ich habe ihn angesprochen, wo ich hier trainieren kann. Seitdem haben wir dann zusammen trainiert und wir haben uns gut verstanden. Er hat dafür gesorgt, dass ich statt zwei Mal pro Woche vier Mal pro Woche mit ihm trainieren konnte, wir hatten Umschluss zusammen, wir haben gekifft und uns gegenseitig unterstützt.

Sein Kollege, auch ein lebenslänglich Inhaftierter, wurde dann aber in die JVA Werl verlegt. Ich habe dann einen Antrag gestellt, mit Matthias auf eine Zelle zu kommen, und der Antrag wurde bewilligt.«

Wieso wurde der Antrag bewilligt? Hätte es nicht auch heißen können, dass wieder der Aufbau einer Bande folgt?

Shorti: »Wir haben uns gut verstanden und das haben auch die Beamten mitbekommen. Warum also nicht? Die Beamten wollten in Bochum ihre Ruhe haben. Die waren froh, wenn es keinen Stress gab. Sie waren auch älter und wollten nur ihre Zeit absitzen. So haben sie zumindest auf mich gewirkt. Sie haben für meinen Geschmack tatsächlich zu viel durchgehenlassen und die Inhaftierten haben das ausgenutzt.

Ich habe gehört, dass eine Beamtin von einer Gruppe von Russen eingeschüchtert und bedroht wurde. Sie sollte Drogen in die JVA bringen. Sie wurde wohl so unter Druck gesetzt, dass sie ihren Job aufgegeben hat. Ich habe es allerdings nur gehört. Ob es stimmt, weiß ich nicht.«

Shorti denkt nach, dann sagt er: »Matthias hat schon eine Rolle in meinem Leben gespielt und ich bin ihm im Nachhinein dankbar dafür. Er hat mit mir nicht großartig über seine Straftaten gesprochen, er sagte nur einmal: Ich habe lebenslänglich bekommen, über meine Taten rede ich nicht.

Er war sehr darauf bedacht, dass ich meine Chance im Leben wahrnehme. Wir hatten etliche Gespräche darüber. So viele, dass ich schon genervt deswegen war, aber er hat nicht lockergelassen. Komischerweise hat er seine Chancen selbst nicht genutzt. Er hat mir oft gesagt, dass ich noch jung bin und vieles anders sehen kann und auch soll. Er hat gemeint, dass ich noch viel erreichen kann und dass ich ruhiger werden muss. Er hat mir gezeigt, Sachen auch mal stehen zu lassen, und er hat gefordert, dass ich nicht direkt Gewalt ausübe. Ich soll über Situationen nachdenken und auch die Konsequenzen bedenken.

Ich habe bis dato ja immer ganz anders gehandelt und über Konsequenzen habe ich nur selten nachgedacht. Matthias hat mir sein Wissen weitergegeben, vermutlich, weil er etwas gutmachen wollte. Ob er selbst Ziele hatte, darüber hat er nicht gesprochen.

Ich war ehrlich gesagt oft genervt von seinen Erzählungen und habe alles nur abgenickt. Erst später habe ich angefangen darüber nachzudenken. Ich habe mir all seine Worte gemerkt und gespeichert.

Am meisten hat mich beeindruckt, dass er mir angedroht hat, mich zu töten, falls ich nochmals ins Gefängnis muss. Das habe ich ihm geglaubt. Wenn man schon einmal getötet hat, verliert man die Hemmschwelle, es noch mal zu tun.

Im Nachhinein hat Matthias einen großen Beitrag dazu geleistet, dass mein Leben heute so ist, wie es ist. Matthias hat mir auch die Therapieabteilung vorgeschlagen und wollte, dass ich hier Therapie mache.

Ich wollte erst nicht, weil die Therapieabteilung eine eigene isolierte Abteilung ist. Auf der Therapieabteilung sind fünfundzwanzig Leute. Wenn du dort bist, darfst du keinen Kontakt mehr zu anderen Inhaftierten haben. Kein Brief, keinen Handschlag, nichts. Die Therapieabteilung hat einen eigenen Hof und Arbeiten finden nur innerhalb der kleinen Gruppe statt.

Eben weil ich keinen Kontakt mehr zu anderen Inhaftierten haben durfte, wollte ich zuerst keine Therapie dort machen.

Aber Matthias hat nicht lockergelassen. Dann habe ich doch einen Antrag geschrieben. Er wurde abgelehnt, weil kein Platz frei war, und ich bin auf eine Warteliste gekommen. Ich stand auf Platz achtzehn.

Ich hatte dann mit der Psychologin, dem Therapeuten und dem Sozialarbeiter der Therapiestation ein Einzelgespräch. Die Voraussetzung, um auf die Therapiestation zu kommen, waren entweder Suchtprobleme oder Gewaltprobleme. Ich habe zwar zu dem Zeitpunkt gekifft, aber das war kein Grund, auf die Therapiestation zu kommen. Dort waren die Inhaftierten, die Heroin genommen haben oder multitoxisch unterwegs waren. Allerdings konnte ich mit der Gewaltproblematik punkten.

Bis zu dem Gespräch war es mir auch egal, ob ich einen Platz bekomme. Im Gespräch meinten die Psychologen, dass man im Durchschnitt für zwölf bis achtzehn Monate auf die Therapiestation kommt und dann auf Bewährung entlassen wird. Das war meine Chance auf Freiheit. Das ist mir erst während des Gesprächs bewusst geworden.

Ich sollte dann während des Gesprächs versprechen, dass ich keine Gewalt mehr ausübe, das war die Voraussetzung, dass ich genommen werde. Aber ich habe denen gesagt, dass ich es nicht versprechen kann. Die Psychologin sagte dann zu mir: Damit haben Sie sich jetzt rausgeschossen.

Darauf sagte ich: Ich kann nicht versprechen, dass ich keine Gewalt mehr ausübe. Ich bin ehrlich. Aber ich bin trotzdem bereit, an mir zu arbeiten.

Das war dann genug Therapeutenfutter. Aus meiner Sicht. Am gleichen Tag kam die Zusage, dass ich auf die Therapiestation kann. Damit fing meine Veränderung an.«

Diese Veränderung werden wir uns natürlich noch genau anschauen, denn sie ist der Wendepunkt in Shortis Leben.

Shorti hat doch schon bei seiner letzten Verhandlung die Androhung für die Sicherheitsverwahrung bekommen. Hat ihn das nicht beeindruckt? Hat diese Androhung nicht dafür gesorgt, dass es bei ihm klick macht und dass endlich die Motivation entsteht, sein Leben zu verändern?

Shorti: »Diese Androhung hat mich überhaupt nicht erreicht, obwohl mein Bewährungshelfer zu mir meinte, dass es ernst zu nehmen ist und umgesetzt werden kann. Ich habe nur gerechnet und geplant, was es bedeutet. Aber es hat mich emotional überhaupt nicht erreicht. Ich habe es hingenommen, wie so oft. Ich habe vorher schon vor Gericht erlebt, dass Sachen zwar gesagt, aber nicht umgesetzt werden. Ich dachte, das ist einfach nur Gerede. Aber mich hat zu dem Zeitpunkt sowieso kaum noch etwas interessiert. Ich war nur und ausschließlich mit mir beschäftigt. Alles andere war mir egal.«

Was hat Shorti denn interessiert?

Shorti: »Bis die Therapie begonnen hat, hat mich nur mein Sport interessiert und wie der nächste Tag wird. Ich habe nur von Tag zu Tag gelebt, das war einfacher für mich. Es musste alles in mein System passen. Ich wollte keine Fehler machen. Und deswegen konnte ich alles nur Step by Step tun, ohne lange zu planen.

Ich habe mich tatsächlich nur für mich selbst interessiert und habe an niemandem Interesse gezeigt, weil das Gefahr bedeutet hätte.

Hat jemand zu mir gesagt: Wir sehen uns morgen, dann habe ich geantwortet: Mal schauen.

Ich war maximal unverbindlich. Ich habe keine Nähe zugelassen und wirklich alles dafür getan, um vor allem keine Gefühle zu zeigen. Ich habe mir mein Schutzschild aufgebaut, was nur ich verstanden habe. Ich habe mich nur zu einhundert Prozent auf mich selbst verlassen. Du kommst alleine und du gehst alleine. Ich war einsam und sicher. Aber mein Schutzschild wurde mir das erste Mal bei der Therapievorbereitung genommen. Das war krass.

Im Knast braucht man sein Schutzschild. Man erleidet ja schon so einen Haftschaden.«

Was meint Shorti genau mit Haftschaden?

Shorti: »Irgendwann kriegt jeder im Knast Angst und Panik. Du bringst Belangloses durcheinander und du fühlst dich nicht mehr wie ein Mensch, sondern wie ein Tier. Das ist für viele Inhaftierte besonders heftig, wenn sie wieder rauskommen. Du musst dich erstmal sammeln und mit der Freiheit umgehen. Viele halten es nicht aus, nehmen Drogen oder werden rückfällig.

Es wird viel zu wenig Hilfe angeboten, um wieder resozialisiert zu werden. Das muss aus meiner Sicht mindestens ein Jahr vorher intensiv passieren. Ein Inhaftierter muss auf die Zeit nach dem Knast vorbereitet werden. Das findet aber in der Realität nur minimal statt. Ein Besuch beim Arbeitsamt und beim Jobcenter sind viel zu wenig.

Die Ängste bei vielen Inhaftierten sind groß. Vor allem wenn sie lange drin waren. Deswegen werden auch achtzig Prozent wieder rückfällig. Auch für Jugendliche gibt es viel zu wenig Angebote, bei denen sie gute Strategien im Leben entwickeln können.«

14. Treffen: Therapievorbereitung und Veränderung

Es ist Ende Mai, ein Donnerstagnachmittag. Shorti hat eine Krankschreibung und ich konnte mir den Nachmittag freischaufeln. Es wird auch Zeit, dass wir wieder weiterarbeiten und in den Prozess kommen.

Entspannt komme ich bei ihm an. Er hatte einen Arbeitsunfall und ist an der rechten Hand verletzt. Aber er wirkt ansonsten auch recht entspannt. Sein Sohn ist auch da und er darf sich ausnahmsweise eine Serie anschauen. Fred, der Feuerwehrmann.

Das letzte Mal haben wir uns über die bevorstehende Therapievorbereitung in der JVA Bochum unterhalten. Shorti hat nach dem Gespräch eine Zusage zu der Therapievorbereitung erhalten. Wann fing die Therapie genau an? Musste er lange warten, bis es losging?

Shorti: »Es ging vierundzwanzig Stunden später los und ich musste alle Sachen packen. Ich durfte keine Gespräche mehr mit den Inhaftierten auf meiner Abteilung führen und ich durfte mich auch nicht mehr per Handschlag verabschieden. Ich musste sofort einen Cut machen und es nach außen deutlich sichtbar zeigen.

Im ersten Moment war es ein beschissenes Gefühl für mich, weil ich Matthias ja nicht mehr sehen durfte und ich habe ja schon an ihm gehangen. Immerhin haben wir, bevor die Therapievorbereitung losging, etliche Monate intensiv miteinander verbracht und er hat mir viel beigebracht. Also war es nur ein Tschüss und dann ging es auf einer neuen Station weiter.

Ich bin dann auf die isolierte und gesonderte Therapievorbereitungsstation gekommen. Hier hatte ich nur Kontakt mit den Beamten, Betreuern, Therapeuten und den anderen Inhaftierten auf meiner Station. Angenehm war, dass ich eine Einzelzelle bekommen habe und die Tür bis zum Umschluss abends den ganzen Tag offen war. Jeder Inhaftierte hat ein Schloss bekommen und konnte seine Zelle bei Bedarf tagsüber selbst abschließen. Angenehm war auch, dass ich Sport machen, Besuch empfangen durfte und viele Vergünstigungen hatte. Am Anfang war ich nur darauf aus, die Therapie war mir egal.

Ich habe auch einen Paten zugewiesen bekommen, was ich wieder mal scheiße fand, denn ich konnte den Typen nicht ernst nehmen. Er hat nur gelabert und hatte keine Substanz dahinter. Aber ich musste da ja durch. Der Typ hat übrigens später einen Rückfall gehabt, die Therapie abgebrochen und ist wieder im Drogensumpf gelandet.«

Shorti war nun also auf der Therapievorbereitungsstation, wollte deren Vorzüge genießen, aber nicht wirklich an sich arbeiten. Hat das so funktioniert?

Shorti: »Mein Ziel war es ja, nach § 64 eine stationäre Therapie zu machen und auf Bewährung entlassen zu werden. Ich wollte die Vorzüge der Therapiestation genießen und habe erstmal abgewartet. So habe ich die ersten sechs Wochen auch keine Einzeltherapie gemacht, weil ich mich immer wieder rausreden konnte, dass ich erstmal ankommen muss. Allerdings hatte ich jeden Dienstag ein bis drei Stunden Großgruppensitzung und jeden Freitag ein bis zwei Stunden Kleingruppentherapie. Das hat mein System schon von den Strukturen her durcheinandergebracht. Manchmal gingen die Sitzungen länger als eine Stunde und dann musste ich meinen restlichen Plan für den Tag komplett nach hinten verschieben. Das hat mir nicht gefallen. Ich musste auch mit der kompletten Großgruppe besprechen, ob es okay ist, wenn ich viermal die Woche Sport mache. Das war schon etwas anders dort.

Ich dachte auf jeden Fall, ich wickle die Therapeuten um den Finger und werfe ihnen manchmal so ein bisschen Therapeutenfutter zu. Aber wirklich einlassen wollte ich mich am Anfang dort nicht.

Aber es kam anders. Ich wurde dort geknackt und habe es noch nicht mal mitbekommen.

Es gab eine Situation, da sollte ich in der Gruppe von meiner Kindheit erzählen. Ich wollte es nicht, weil ich ja nun erwachsen war und keinen Bezug zu meiner Kindheit gesehen habe. Ich habe dann trotzdem ein bisschen erzählt. Ein anderer Inhaftierter gab mir die Rückmeldung, dass er es heftig fand, was ich erlebt habe, und dass er findet, ich hätte eine schlimme Kindheit gehabt. Ich konnte das überhaupt nicht nachvollziehen. Ich habe mich durch diese Äußerung verarscht, habe mich nicht ernst genommen gefühlt und ich bin aggressiv geworden. Ich habe dem Typen dann Gewalt angedroht. Aber er meinte seine Aussage tatsächlich ernst. Das habe ich erst später verstanden. Ich dachte immer, meine Kindheit wäre normal gewesen. Ich kannte ja auch nichts anderes. Ich dachte immer, die Kindheit von den anderen Männern wäre schlimm gewesen. Wenn sie erzählt haben, dass sie sexuell missbraucht worden sind. Ich wäre nie auf die Idee gekommen, dass jemand meine Kindheit hätte schlimm finden können. Deswegen konnte ich es am Anfang auch nicht annehmen und ich habe mich zurückgezogen.

Aber dieses permanente Rumrühren in der Kindheit hatte Auswirkungen. Irgendwann wurde ein Knopf bei mir gedrückt. Die Therapeutin sagte zu mir: Du drückst Ereignisse aus deiner Kindheit krampfhaft weg und deswegen bist du so, wie du bist. Lass es mal sacken und schau, wie es wirkt.

Diese Aussage hat mich auch wütend gemacht. Ich habe mich in eine Ecke gedrängt gefühlt und hatte auch das Gefühl, dass alle mit dem Finger auf mich zeigen. Ich wollte das ja alles nicht. Ich wollte mich nicht mit mir auseinandersetzen und plötzlich bin ich mittendrin. Und natürlich habe ich angefangen, darüber nachzudenken, was nicht einfach war. Ich habe dann gemerkt, dass mein Plan überhaupt nicht funktioniert. Es hat nicht funktioniert, einfach nur meine Zeit abzusitzen und die Vergünstigungen zu erfahren. Plötzlich war ich mittendrin. Das hat mich wütend gemacht. Ich war wütend auf mich selbst und auf die Situation.

Zudem war die Art der Gespräche während der Gruppensitzungen für mich echt gewöhnungsbedürftig. Alle waren so ruhig und haben so gelassen und ausführlich gesprochen. Im ersten Moment dachte ich, das sind doch Opfer. Ich kannte es ja nicht anders.

Dadurch, dass ich immer mehr gemerkt habe, dass ich meinen Plan nicht durchsetzen kann, bin ich immer unsicherer geworden. Ich war irritiert, manchmal auch wütend.

In einer Sitzung erzähle ich zum Beispiel etwas über mich und die Therapeutin lächelt, schaut weg und lächelt wieder. So als ob sie etwas über mich wüsste, was ich selbst noch nicht weiß. Es hat nach der Sitzung stark in mir rotiert. Warum lächelt sie so?

Als ich auf der Zelle war, bin ich gar nicht mehr runtergekommen. Ich war richtig nervös. Ich habe eine nach der anderen geraucht, war aber auch gleichzeitig neugierig. Es hat mir irgendwie auch gefallen, dass diese Therapeutin es geschafft hat, mich von hinten herum abzuholen. Wenn sie das geschafft hat, was sie schafft sie dann noch? Es war Neugierde da, aber auch Angst und Irritation.

Am nächsten Tag bin ich dann nach dem Frühstück zu ihr hin und wollte ein Gespräch. Ich wollte klarstellen, dass es so nicht geht. Es war allerdings nur ein sehr kurzes Gespräch.

Ich habe zu ihr gesagt: Ich möchte keine Therapie machen. Ich lasse mich nicht verarschen.

Sie sah mich an und meinte: Ja, und jetzt fängst du an, Therapie zu machen.

Dann hat sie mich einfach stehen gelassen. Schon wieder. Und das für ein paar Tage. Ich war schon wieder wütend.«

Was hat sich nach diesem Erlebnis verändert? Warum hat Shorti sich dann doch auf die Therapie eingelassen?

Shorti: »Ich habe angefangen, mich mehr und mehr mit meiner Situation auseinanderzusetzen. Musste ich ja. Ich habe mich gefragt, ob es nicht doch sinnvoll ist, etwas über mich und mein Leben zu erzählen und zu vertrauen. Ist es nicht doch sinnvoll, diese Chance der Therapie wirklich zu nutzen?«

Hat Shorti es dann geschafft, seinen Widerstand und sein Schutzschild aufzugeben?

Shorti: »Ja, ich habe Schritt für Schritt gemerkt, dass es nicht wirkt, zu lügen und einfach nur stur sein Ding durchzuziehen. Diese Therapievorbereitung war im Rückblick das Beste, was mir passieren konnte. Ein paar Tage später habe ich ganz konkret gemerkt, dass ich mich eingelassen habe. Ich habe mir gedacht: Wenn ich jetzt nichts verändere, wann dann? Es war für mich ein neuer Anfang und ich habe erstmalig in meinem Leben angefangen, überhaupt etwas zu zulassen.

Ich musste mich zudem auch offen und frontal in der Gruppe bekennen und zugeben, dass ich nicht besser als die anderen Inhaftierten bin, dass ich kein guter Mensch bin, dass mein Leben bisher nicht gut gelaufen ist und dass ich etwas Besseres aus meinem Leben machen kann.«

Wie hat es sich angefühlt, dass Shorti diesen Prozess zulassen konnte?

Shorti: »Es war ein permanentes Gefühl von Angst, Unsicherheit und Neugierde. Es war immer wieder schwierig für mich, es anzunehmen, aber ich musste endlich etwas für mich tun. Und ich habe mich durch die Therapeutin manipuliert gefühlt: Wie weit kann es noch gehen? Was schafft sie noch?

Gut war, dass ich immer ehrlich war und offen das gesagt habe, was ich gedacht habe. Es war nicht immer nett, aber es war so, wie es war.

Nach und nach habe ich angefangen, mich anders zu spüren und wahrzunehmen. Der Druck ist von mir abgefallen, ich habe mich insgesamt viel leichter gefühlt. Je mehr ich gesprochen habe, desto stabiler und besser habe ich mich gefühlt. Es tat mir gut, zu reden.«

Und das, obwohl Shorti vorher nie jemanden an sich herangelassen oder mit jemandem über sich und seine Gefühle gesprochen hat.

Shorti: »Ja genau. Es war das erste Mal in meinen Leben, dass ich solche Erfahrungen gemacht habe. Ich hatte nach und nach auch das Gefühl, dass ich noch viel mehr erreichen kann. Ich hatte plötzlich einen Ansporn und ich wollte mehr. Ich wollte ein neues System, das zu mir passt. Ich habe angefangen, das neue Wissen aufzusaugen. Es ging um mich, und das war gut. Es ging nur um mich. Es war wie eine Sucht. Und es war schön.

Ich bin anders und neu mit mir selbst in Kontakt gekommen. Ich habe mich total auf mich konzentriert und mich erstmalig lebendig gefühlt. Ich habe zwar in der Gruppe mitgearbeitet, aber die anderen habe ich trotzdem, soweit es ging, ausgeblendet, um mich auf mich zu konzentrieren.«

Kommt man sich durch so eine Therapievorbereitung nicht zwangsläufig näher und entwickeln sich dann nicht auch tiefere Beziehungen untereinander? Beziehungen, die intensiver sind und eben durch die Gespräche ein ganz anderes Vertrauen verlangen?

Shorti: »Natürlich hatte ich drei, vier Leute, mit denen ich mich gut verstanden habe. Wir haben gemeinsam gekocht, Sport gemacht und uns mit den Einkäufen gegenseitig unterstützt. Trotzdem wollte ich keine festen Freundschaften. Es ist nämlich immer noch das Gefängnis und hier funktioniert es anders. Es war eher eine Zweck- und Nutzengemeinschaft. Mir war immer klar, wenn ich aus dem Gefängnis herauskomme, möchte ich keinen Kontakt zu den anderen Inhaftierten mehr haben.

Vor einigen Monaten habe ich einen ehemaligen Inhaftierten aus der Therapievorbereitung getroffen. Er ist heute total fertig. Er hat es nicht geschafft. Er ist damals rückfällig geworden und es folgte der Ausschluss aus der Therapievorbereitungsgruppe. Wir haben kurz miteinander gesprochen und er fragte mich, ob wir uns nicht mal treffen sollen. Ich habe direkt Nein gesagt. Ich will keinen Kontakt mehr zu ihm. Das ist ganz klar für mich.

Die meisten Inhaftierten auf der Therapievorbereitung hatten massive Suchtprobleme. Einige wenige hatten wie ich massive Gewaltprobleme. Aber diejenigen mit den Suchtproblemen, die haben die ganzen harten Sachen wie Heroin konsumiert. Die wurden dann substituiert und dann kamen sie in die Therapievorbereitung.

Es waren dort viele ältere Männer. So um die fünfzig, sechzig Jahre alt. Die hatten zum Teil schon sechs, sieben Therapien und haben es trotzdem nicht geschafft, weil sie immer wieder rückfällig geworden sind. Viele von denen waren sehr reflektiert und konnten sich gut ausdrücken. Sie wollten mir mit Anfang zwanzig oft sagen, wie das Leben funktioniert. Zum Teil haben sie sich auch wie der Messias persönlich benommen und sich über die anderen gestellt. Aber im Endeffekt haben sie es selbst in vielen Anläufen nicht geschafft. Ich habe wirklich viele erlebt, die die Therapievorbereitung nicht geschafft haben.«

Wie lange war Shorti in der Therapievorbereitung?

Shorti: »Ich war etwa sechzehn Monate in der Therapievorbereitung, habe dann nach § 64 die stationäre Therapie erhalten und hatte noch sieben Monate Reststrafe.«

Die Therapievorbereitung war für Shorti also eine Zeit, in der er sich selbst neu kennengelernt hat. Trotz vieler Unsicherheiten hat er sich auf den Prozess eingelassen, weil er gespürt hat, dass es ihm guttut. Ging es ab einem gewissen Punkt stabil bergauf für ihn oder hat er auch Tiefpunkte während der Therapievorbereitung erlebt? Situationen, in denen er z. B. abbrechen oder Drogen nehmen wollte, weil es ihm zu viel wurde?

Shorti: »Es war ein ziemliches Auf und Ab. Es gab schon den Punkt, wo ich mich stabil gefühlt habe, aber ich hatte zwischendurch immer wieder meine Tiefpunkte. Ich konnte mich dann selbst nicht ausstehen. Ich hatte allerdings kein Bedürfnis mehr, Drogen zu nehmen. Ich wollte mich ja neu kennenlernen und wissen, welchen Shorti es sonst noch so gibt. Dafür musste und wollte ich bestimmte Regeln einhalten.

Mit Alkohol, harten Drogen und Heroin hatte ich sowieso nichts zu tun, das war eine fremde Welt für mich. Die anderen Inhaftierten, die wirkliche Suchtprobleme hatten, haben mich zum Teil ausgelacht, weil ich nur gekifft und Amphetamine genommen habe. Ich hatte eben meine Gewaltproblematik.«

Was hat sich emotional bei Shorti verändert? Was genau hat er gespürt und zugelassen?

Shorti: »Neu war für mich, dass ich eine sehr starke Sehnsucht nach Freiheit hatte. Ich wollte das Gelernte unbedingt anwenden und umsetzen. Ich wollte es leben. Und gleichzeitig waren oft Zweifel da, ob ich es schaffe. Die größte Angst war, zu versagen. Ich hatte Angst, dass ich alles, was ich gelernt habe, über Bord werfe. Ich hatte Angst, meine Ziele nicht zu erreichen.«

Was war das Wichtigste, das Shorti gelernt hat?

Shorti: »Mein wichtigster Lerneffekt war, dass ich kein schlechter Mensch bin, dass ich ein Herz habe, dass ich fühlen und Verantwortung für mich übernehmen kann. Ich habe ebenso gelernt, dass ich Werte vermitteln kann.«

Hat Shorti sich bis zur Therapievorbereitung und bis zu dieser Erkenntnis selbst als schlechten Menschen wahrgenommen?

Shorti: »Ja, ich habe mich als schlechten Menschen gesehen und wahrgenommen. Ich war stark, habe mir mit Gewalt Respekt verschafft und keine Gefühle zugelassen. Ich habe auch gemerkt, dass ich einsam bin und dass der Respekt, den ich durch Gewalt eingefordert habe, aus meiner Angst heraus entstanden ist. Und das ist nicht normal.
  Meine Angst, zu versagen, war damals am größten. Ich hatte große Angst, wieder Straftaten zu begehen und dadurch den Schlüssel zur Freiheit endgültig wegzuschmeißen. Ich hätte nicht gewusst, was ich dann tue.

Ich hatte auch leichte Schuldgefühle gegenüber meinen Eltern. Aber nicht gegenüber meinen Opfern. Zumindest zum damaligen Zeitpunkt noch nicht. Denn dafür wurde ich bestraft. Damals war ich noch nicht so weit.«

Shorti wirkt nachdenklich. Er konnte sich zum damaligen Zeitpunkt nach einigen Startschwierigkeiten auf die Therapien einlassen und hat viel über sich gelernt, was ihm eine neue Lebensqualität gegeben hat. Er sagt auch, dass für seine Opfer und ihr erlebtes Leid noch kein Platz war. Er hat hier zum damaligen Zeitpunkt noch nicht hinschauen wollen. Auch das benötigt manchmal Zeit, ist aber gerade für Gewaltspezialisten wie Shorti von elementarer Bedeutung.

Dass Shorti die Therapievorbereitung so gut annehmen konnte, davon profitiert hat und daran gewachsen ist, ist eine wirklich gute Erfahrung für ihn. Er hat nach vielen Jahren erleben dürfen, dass Hilfe und Unterstützung doch möglich sind. Auch wenn er zu Beginn noch in der Phase des Widerstandes war und die Therapeuten nur etwas füttern und ruhigstellen wollte.

Die Stadien, die Shorti beschreibt, kenne ich aus den Auflagentrainings mit gewalttätigen Jugendlichen und Erwachsenen. Es ist oft ein Widerstand vorhanden, der erst einmal gezeigt wird. Viele Teilnehmer würden – wie auch Shorti damals – nicht freiwillig kommen. Der Widerstand wird durch die Teilnehmer gezeigt. Und sei es nur die Körpersprache. Die Signale werden ausgesendet und manchmal wird auch offen gekämpft, diskutiert, es wird alles infrage gestellt oder verleugnet. Hier greifen viele Mechanismen. Es benötigt etwas Zeit, bis ein sekundär motivierter Teilnehmer im Training ankommt.

Im Idealfall kommt der Teilnehmer dann aber nach und nach in der Gruppe an, findet seinen Platz und lässt sich ein.

Wenn er es schafft, den Weg zu gehen, auf sich zu schauen und für sich und sein Handeln zu hundert Prozent die Verantwortung übernimmt, so sind tiefgreifende Prozesse möglich. Für mich ist es immer wieder ein Geschenk, zu sehen, welche Entwicklungsschritte möglich sind.

Zum Thema Therapie:
Ich kenne Menschen, die ihr Leben nach einer stationären Therapie komplett verändert und umgekrempelt haben und sich ganz neu in ihren Stärken und auch Unzulänglichkeiten kennengelernt haben. Einige haben so viel Selbstwirksamkeit erfahren wie noch nie in ihrem Leben. Sie sind innerlich noch mal ganz neu gewachsen. Ich kenne Menschen, die meinten, dass die Zeit der Therapie die schönste in ihrem Leben war.

Das ist bestimmt nicht in allen Fällen so. Sich auf eine Therapie einzulassen, erfordert Mut und Bereitschaft. Denn eine Therapie kann auch sehr verletzlich machen und schmerzhaft sein. Zumindest phasenweise.

Leider sind Therapien in den Augen vieler Menschen immer noch nicht gesellschaftsfähig. Gerade Männer fühlen sich oft schwach und in ihrem Mannsein unzulänglich, wenn es um das Thema Therapie geht. Schnell fallen Sätze wie: »Ich bin doch kein Psycho!«

Therapie kann eine großartige Chance sein, um zu wachsen. Jeder Mensch hat seine Baustellen und Therapie kann auch als Persönlichkeitsentwicklung verstanden werden.

15. Treffen: Therapievorbereitung

Es ist Anfang Juni. Ich fahre nachmittags zu Shorti nach Remscheid. Obwohl es Sommer ist, fällt starker Regen vom Himmel. Es hat fast etwas Tropisches, da es nicht kalt ist.

Ich komme also um sechzehn Uhr in Remscheid an. Nach einem kurzen Einstieg gehen wir direkt auf das Thema Therapievorbereitung in der JVA Bochum ein.

Wie war die Therapie für Shorti? Hat er sich als »Psycho« gefühlt?

Shorti: »Ich weiß, viele denken, dass es schwach ist, über Fehler und die eigenen Schwächen zu sprechen. Ich bin ja damals nicht in die Therapie gegangen, weil ich ernsthaft etwas ändern wollte. Zumindest am Anfang noch nicht. Ich wollte nur die Vorzüge genießen. Deshalb habe ich mich selbst auch nicht als krank wahrgenommen. Für mich waren es eher die Sexualstraftäter, die krank sind.

Aber ich weiß, dass viele Leute schlecht über Therapie denken. Das hört man schon an den Sprüchen wie: Na, gehste zum Seelenklempner?

Für mich persönlich war es ein sehr schwerer Schritt, Hilfe zuzulassen und anzunehmen.

Ich kann nur jedem raten, eine Therapie zu machen. Aber man muss sie selbst zulassen, sonst bringt sie gar nichts. Mir hat die Therapie geholfen. Wieso sollte sie nicht auch anderen Menschen helfen?«

Wir schauen uns noch einmal die Phasen an, die Shorti während seiner Therapie durchlaufen hat. Wir haben sie kleinschrittig erarbeitet.

Shorti: »Zu Beginn war ich im Widerstand, auf Distanz und ganz klar auf Abstand. Ich wollte nur die Vorzüge genießen. Das war Phase 1.

Phase 2 beinhaltete, dass ich total verunsichert war. Ich habe Ruhe und den Rückzug gesucht, weil es anfing, in mir zu arbeiten. Ich habe mich zwischenzeitlich depressiv gefühlt und hatte das Gefühl, dass ich in ein Loch falle, das sich immer weiter auftut.

In Phase 3 fing in an, von mir aus die Gespräche mit den Therapeuten zu suchen. Ich habe angefangen, mich ihnen gegenüber ehrlich mitzuteilen.

In Phase 4 habe ich erfahren, dass mir das Reden guttut. Mein Interesse wurde immer größer. Ich habe auch von mir immer mehr offengelegt und mich aktiv an den Sitzungen beteiligt. Es war eine Phase in meinem Leben, in der ich erstmalig mein Schutzschild abgelegt habe. Aus Therapeutensicht war mein Schutzschild extrem ausgeprägt.

In Phase 5 bin ich von mir mehr zu den anderen übergegangen. Ich habe gelernt, zu verstehen, wie es anderen Menschen geht. Ich habe angefangen, Verständnis und Feingefühl zu entwickeln.«

Shorti stockt. Seine Mimik verändert sich. Es sieht so aus, als ob er in eine saure Zitrone beißt, als er von Mitgefühl und Verständnis erzählt. Ich frage nach.

Shorti: »Ich mag das Wort Verständnis nicht. Für viele Situationen fehlt mir auch einfach das Verständnis. Verständnis zu zeigen, bedeutet auch eine Gefahr. Du vergisst schnell, wo du warst, wenn du zu verständnisvoll bist. Ich habe gelernt, Menschen gegenüber misstrauisch zu sein. Es ist für mich leichter, Misstrauen zu haben, als Verständnis zu zeigen. Ich kenne es einfach besser, wie es ist, Feinde statt Freunde zu haben.

Wenn ich zu viel Verständnis zeige, habe ich schnell das Gefühl, dass ich jemandem etwas schuldig bin. Das fängt schon bei Situationen an, in denen ein Freund mir etwas ausgibt. Es ist immer noch schwer für mich, etwas anzunehmen, weil ich niemandem etwas schuldig sein möchte.

In der Therapie musste ich lernen, Feingefühl zu zeigen. Für mich war es wirklich schwer, Verständnis und Mitgefühl zu zeigen, weil ich mich dann direkt schwach und verletzlich gefühlt habe. Ich dachte dann, dass die Person, für die ich Mitgefühl zeige, dann noch mehr von mir möchte. Aber innerhalb der Therapievorbereitung musste ich mich eben auch damit auseinandersetzen und es wurde auch eingefordert.«

In welchen Situationen hat Shorti denn Verständnis und Mitgefühl gezeigt?

Shorti: »Ich habe Verständnis und Mitgefühl nur innerhalb der Gruppensitzungen zugelassen und gezeigt. Das war ein geschützter Raum, weil auch die Therapeuten dabei waren. Nachdem die Gruppensitzungen zu Ende waren, habe ich mit den anderen Inhaftierten keine persönlichen Gespräche geführt und habe auch weitere tiefere Gespräche nicht zugelassen. Es hätte mein System zu sehr durcheinandergebracht.

Wenn ich mir vorstelle, dass nach den Gruppensitzungen noch jemand an meine Zellentür geklopft hätte und das persönliche Gespräch gesucht hätte … Das wäre für mich eine gefährliche Situation gewesen. Es hätte ja Nähe entstehen können. Das konnte ich unter keinen Umständen zulassen.

Irgendwann sagte mal ein Beamter auf der Therapievorbereitung zu mir: Du bist abgewichst und nutzt die anderen nur für deine Zwecke aus. Das ist dein Problem. Deshalb kommst du auch nicht weiter.«

Mich hat es gestört, dass mich der Beamte so gut beobachtet hat und Teile meines Systems verstanden hat. Dennoch habe ich gelernt, Verständnis entwickeln zu können. Und wenn es nur innerhalb der Gruppentherapie war.«

Shorti ist dann auch zum Gruppensprecher gewählt worden. Das heißt, er hatte auf dieser Station eine besondere Rolle. Wie ist es dazu gekommen?

Shorti: »Es wurde ein neuer Gruppensprecher gesucht. Die anderen Inhaftierten haben mich vorgeschlagen, weil ich offen und direkt rede und auch kein Blatt vor den Mund nehme. Ich selbst bin nicht auf die Idee gekommen. Für mich war es im ersten Moment komisch. Aber auch die Therapeuten haben mich als Gruppensprecher befürwortet.«

Was hat es für Shorti bedeutet, Gruppensprecher zu sein?

Shorti: »Ich war an Entscheidungen beteiligt, die die Gruppe oder einzelne Inhaftierte betroffen haben. Ich durfte Entscheidungen über die Patenschaften treffen, wenn ein Neuer auf unsere Station gekommen ist. Ich war neun Monate Gruppensprecher.«

Hat Shorti auch mal eine Patenschaft für einen neuen Inhaftierten übernommen?

Shorti: »Nein, auf keinen Fall wollte ich Pate sein. Ich dachte immer, dass ich etwas Besseres bin. Die Patenschaften sollten lieber die anderen übernehmen.
Als Gruppensprecher wurde ich für viele eine wichtige Person und ein wichtiger Ansprechpartner. Ich wurde auch oft nach meiner Meinung gefragt. Darüber konnte ich wie-

der lernen und üben, Verständnis zu entwickeln und aufzubauen. Durch die Rolle hat es ganz gut geklappt.

Ich musste als Gruppensprecher auch lernen, dass ich alles gut begründen und argumentieren muss. Oft waren die Therapeuten auch anderer Meinungen als ich. Dann musste ich denen gegenüber irgendetwas begründen und habe dann eine klare Rückmeldung bekommen, dass die Therapeuten es anders sehen. Das hat natürlich meine Knöpfe wieder gedrückt und ich bin wütend geworden. In solchen Momenten wollte ich alles hinschmeißen und abhauen.

Ich habe gelernt, dass die Therapeuten permanent austesten, wie weit jemand ist. Ich habe gelernt, dass ich solche Situationen mit den Therapeuten aushalten und auch ein Nein akzeptieren musste.

Für alle Inhaftierten war es ein großes Problem, Kritik und unangenehme Situationen auszuhalten, etwas zuzulassen, ein Nein zu erhalten und das Nein zu akzeptieren.

Ein Nein zu bekommen, hat für mich oft bedeutet, enttäuscht zu sein. Ich habe mich dann wie ein bockiges Kind verhalten und wurde dann auch so behandelt. Dadurch bin ich noch wütender geworden.«

Wie hat Shorti es dann geschafft, mit seiner Wut umzugehen und ein Nein doch zu akzeptieren?

Shorti: »Es folgten dann jedes Mal Gespräche mit den Therapeuten, in denen sie ihre Meinungen erklärt und ausgeführt haben. Ich habe mich dann im Laufe der Gespräche jedes Mal beruhigt und so gelernt, ein Nein anzunehmen, weil die Therapeuten auch eine andere und detaillierte Sichtweise hatten. Aber es war nicht immer leicht. Damals auch noch ein Nein von einer Frau als Therapeutin zu akzeptieren, fiel mir schwer.

Jetzt kann ich sagen, dass es auch guttut, ein Nein zu akzeptieren und auch ein Nein von einer Frau zu akzeptieren. Es war richtig und wichtig für meine Entwicklung.

Ich habe dadurch auch gelernt, dass ich Situationen lieber noch mal überdenke und dann erst handele. Ich musste mich ja auch für alles rechtfertigen und in der Rolle als Gruppensprecher noch viel mehr.«

Hat Shorti als Gruppensprecher ein Gefühl von Selbstwirksamkeit gehabt und dass er etwas bewegen kann?

Shorti: »Ich hatte zum einen mehr Status als Gruppensprecher. Ich hatte häufiger Gespräche mit Beamten und Therapeuten als die anderen. Häufig musste ich als Gruppensprecher mit den Beamten und Therapeuten Situationen vorbesprechen. Ich musste dann zwei bis drei Tage schweigen und durfte die Infos nicht an meine Gruppe weitergeben. Auch hier wurde ich von den Therapeuten getestet, ob ich wirklich dichthalte.

Ich kann sagen, dass ich wirklich dankbar bin für das, was ich lernen durfte.«

Was bedeutet Verständnis für Shorti heute?

Shorti: »Ich kann heute in vielen Situationen besser Verständnis entwickeln. Spontan fällt mir ein: für die Kopfschmerzen meiner Freundin. Wenn sie früher Kopfschmerzen hatte, dachte ich immer, dass sie sich nicht so anstellen soll. Heute verstehe ich, dass es ihr wirklich nicht gutgeht. Genauso habe ich ein großes Verständnis für Kinder und ihre Lebenssituationen. Kinder müssen gehört und verstanden werden.«

Shorti wurde nach den neun Monaten als Gruppensprecher ziemlich schnell aus der JVA Bochum entlassen. Was passierte dann?

Shorti: »Es war eine ziemliche kurzfristige Entlassung, eine sogenannte Blitzentlassung. Es fand eine Haftprüfung bezüglich meiner Bewährungsauflage statt. Da gerade in Hagen ein Platz in einer stationären Therapieeinrichtung frei wurde, und ich ja noch eine stationäre Anschlusstherapie machen musste, wurde ich nach vier bis fünf Tagen entlassen und nach Hagen weitergeleitet.

Es war dann ein hoher Druck da, weil ich während dieser Frist ja alles erledigen musste, behördliche Angelegenheiten zum Beispiel. Die Entlassung aus der JVA Bochum und die Überleitung in die Therapie nach Hagen ging mir definitiv zu schnell. Ich hätte mir noch mehr Zeit gewünscht. Vierzehn Tage wären ideal gewesen. Ich bin dann auch wieder unsicher geworden und habe mich gefragt, wie es weitergeht und was mich erwartet. Ich habe mich gefragt, ob ich auch in Hagen die Chance kriege, etwas zu verändern. Trotz Entlassung war das Gefühl, dass es weitergeht, noch nicht da.«

Wie es in der stationären Therapie in Hagen weiterging, werden wir uns beim nächsten Termin anschauen.

16. Treffen: Zurück in der Freiheit

Unser nächstes Treffen ist im Juli. Es ist sehr warm und sommerlich. Der Sommer ist auch hier angekommen, in dieser doch sehr eigenen Stadt.

Shorti kommt gerade von der Arbeit. Er wirkt müde und ist heute relativ ruhig und in sich gekehrt.

Ich möchte wissen, wie es Shorti in der stationären Therapie in Hagen ergangen ist.

Shorti: »Ich bin von Bochum aus direkt nach Hagen gekommen. Sechs Monate musste ich dorthin, das war die Auflage. Zwölf Monate waren mit Verlängerung von den Kosten her bewilligt und acht Monate war ich tatsächlich vor Ort.

Aber im Vergleich zu der Therapievorbereitung in der JVA in Bochum war die Therapie dort für mich lächerlich. Alles wurde so gelassen, es gab kein Nachfragen und kein Nachstochern.

Für mich war gut, dass ich von den Therapeuten und anderen Patienten die Rückmeldung bekam, dass ich schon sehr reflektiert bin. Ich bin dort relativ schnell in eine Vorbildrolle gekommen. Ich wollte es ja auch draußen schaffen und ein neues Leben beginnen. Aber die Therapie dort hat mich leider wenig angesprochen. Die Therapeuten sagten mir irgendwann, dass ich schon so viel weiß und durch die Erfahrung der Therapievorbereitung schon so viel gelernt habe, dass sie mir kaum etwas Neues anbieten könnten. Übertherapiert – so haben sie meinen Zustand genannt.

Das, was mich einigermaßen interessiert hat, war, den Blickwinkel und die Perspektive von anderen Patienten zu erfahren und daraus eine Parallele zu mir zu ziehen. Aber innerhalb dieser acht Monate wurde es mir irgendwann zu viel. Ich konnte und wollte einfach nicht mehr. Ich war alldem so überdrüssig.

Ich habe dann mit den Therapeuten darüber gesprochen, dass ich die Therapie vorzeitig beenden möchte.

Mit meinem Bewährungshelfer habe ich ebenfalls darüber gesprochen. Er fragte mich, ob ich mir wirklich sicher sei, dass ich die Therapie frühzeitig beenden möchte. Er war sich nicht so sicher, ob es eine gute Idee war.«

Shorti hat sich dann selbst frühzeitig aus der stationären Therapie in Hagen entlassen. Wo ist er danach hingegangen? War er auf das Leben in der Freiheit genügend vorbereitet?

Shorti: »Für mich war klar, dass ich zurück nach Remscheid muss und dass ich meine Geschichte nur dort umschreiben kann, wo sie begonnen hat. Natürlich haben mir meine Familie, die Therapeuten und mein Bewährungshelfer wärmstens davon abgeraten, zurück nach Remscheid zu gehen. Alle dachten, dass ich dann wieder innerhalb kürzester Zeit auf die schiefe Bahn geraten würde. Es war ja vorher immer so gewesen.

Es gab nicht wirklich eine Vorbereitung auf die Entlassung. Ich war durch die offene Therapiestation schon wieder daran gewöhnt, Freigang zu haben. Das war gut und auch normal für mich.

Ich wusste für mich nur zu hundert Prozent, dass ich es anders machen werde als vorher. Und im Unterschied zu den alten Zeiten hatte ich dieses Mal Ziele, die ich erreichen wollte. Ich wollte unbedingt eine eigene Wohnung haben, ich wollte keine Straftaten mehr begehen, ich wollte ein normales und bürgerliches Leben führen, arbeiten gehen und mich von den alten Freunden fernhalten.

Mit den Zielen bin ich also zurück nach Remscheid gegangen. Es gab keine Alternative für mich. Ich musste es dort beenden, wo es angefangen hat. Alles andere hätte ich als Flucht empfunden.

Natürlich hat mir das keiner geglaubt und das habe ich auch immer wieder zu hören bekommen.«

Wie waren Shortis erste Schritte in Remscheid? Wie hat er seinen Alltag gestaltet?

Shorti: »Ich bin zuerst zu meiner Mutter gezogen. Wir hatten noch etwa zwei Tage gemeinsam, bevor sie in die Reha gegangen ist. Sie war mehrere Wochen dort. Dann bin ich sofort zum Arbeitsamt gegangen, weil ich Geld gebraucht habe und natürlich auch ehrlich arbeiten gehen wollte. Ich habe denen dort offen von meiner Situation erzählt. Vierzehn Tage lang war ich fast jeden Tag dort und habe einen Job eingefordert. Danach habe ich einen Ein-Euro-Job im Möbellager bekommen. Ich habe dort Möbel auseinandergebaut, geschleppt und wieder zusammengebaut. Es war körperlich anstrengend, aber ich habe mich dort sehr wohlgefühlt. Ich hatte wieder Struktur. Das war wichtig. Wenn es nicht das Wichtigste überhaupt ist.

Ich habe den Job dann etwa eineinhalb Jahre gemacht. Ich hatte wieder Kontakte zu Menschen, habe dort meinen nächsten Chef kennengelernt, hatte Ablenkung und ich habe ehrliches Geld verdient. Es hat sich gut angefühlt, ehrliches Geld zu verdienen. Das kannte ich ja vorher gar nicht.

Aber das Wichtigste war die Struktur. Durch eine Tagesstruktur habe ich überhaupt erstmal gelernt, mich zu verändern.«

Was hat Shorti motiviert, seine Ziele auch tatsächlich zu erreichen und weiter kontinuierlich daran zu arbeiten?

Shorti: »Ich wollte nicht mehr das Leben haben, was ich vorher hatte. Ich war ja auch schon Mitte zwanzig. Ich habe mich für mein altes Leben gehasst. Ich wollte nicht noch mehr Zeit im Gefängnis verbringen.

Ich habe zwar in der Therapie gelernt, dass es nicht leicht wird und dass Rückschläge dazugehören, weil ich daraus lernen kann. Darauf war ich schon eingestellt. Aber ich war fest entschlossen, mir etwas Neues aufzubauen. Ich war auch wütend auf mich selbst, dass ich so viel Zeit im Gefängnis verbracht habe. Es war keine Option mehr für mich.«

Was war denn mit Shortis alten »Freunden«? Haben sich diese nicht irgendwann bei ihm gemeldet und wieder den Kontakt zu ihm gesucht?

Shorti: »Meine alten Freunde standen sogar relativ schnell bei mir auf der Matte. Ich weiß nicht, woher die wussten, dass ich wieder in Remscheid bin. Von mir jedenfalls nicht. Vielleicht über Facebook? Oder ich wurde gesehen und es hat sich herumgesprochen? Es hat nur zwei, drei Tage gedauert, bis sie Bescheid wussten.

Sie wollten Geschäfte machen und konnten nicht verstehen, dass ich keine Straftaten mehr begehen wollte. Sie haben mich dann oft provoziert und ausgetestet, wie standhaft ich wirklich bin. Sie haben mir Vorwürfe und sich über mich lustig gemacht, dass ich ja nun etwas Besseres wäre. Sie wollten nicht akzeptieren, dass ich aussteige. Vielleicht hatten die auch Sorge, dass ich mit anderen Leuten Geschäfte mache oder alleine Drogen verkaufe.

Sie haben mich bedroht und zwischenzeitlich kamen sie zu dritt auf mich zu und haben mich massiv provoziert. Die haben einfach bei meiner Mutter zu Hause angerufen. Das war schon bedrängend. Ich war wütend und richtig abgefuckt deswegen. Ich musste mehr als einmal eine Faust in der Tasche machen, weil ich das Bedürfnis hatte, denen eine reinzuhauen. So war ich es ja auch gewohnt.

Ich hatte das Gefühl, dass ich keinen Respekt bekomme, dass sie mich provozieren und respektlos behandeln. Da sie wussten, wie ich ticke, war es auch einfach für sie, meine Knöpfe zu drücken.

Es ging dann mehrere Monate so und ich habe mich immer abgegrenzt und distanziert. So mache ich es heute auch noch. Ich habe mich nicht von meinem neuen Weg abbringen lassen, worauf ich stolz bin.«

Wie hat Shorti seinen Tag ausgefüllt? Immerhin war er selbst dafür verantwortlich, seine Struktur auch weiter aufrechtzuerhalten.

Shorti: »Ich habe natürlich gearbeitet, was schon viele Stunden am Tag gefüllt hat. Ansonsten habe ich viel Sport gemacht, Zeit mit meiner Mutter und meiner Schwester verbracht und manchmal auch mit meinem Vater.

Ich war aber auch viel alleine und hatte auch das Bedürfnis, alleine zu sein. Endlich hatte ich mal Ruhe und wirklich Raum für mich.

Letztlich waren die Jahre im Gefängnis hart. Ich habe richtig gemerkt, dass ich mich neu sammeln und neu finden musste. Das hat Zeit gebraucht.

Wenn ich das Gefühl hatte, ich komme vom Weg ab, bin ich in die Stadt gefahren, habe Spaghettieis gegessen und habe mich so gesammelt und daran erinnert, was Freiheit für mich bedeutet. Das tue ich heute immer noch. Ich fahre in die Stadt und esse Spaghettieis. Ich bin gefährdeter als andere Menschen. Ich benötige manchmal mehr Zeit, um zu entscheiden, was falsch und was richtig ist.

Als ich mir hier in Remscheid die Zeit für mich genommen

habe, bin ich irgendwann zur Ruhe gekommen. Vorher hatte ich immer eine innere Unruhe in mir. Jahrelang.

Das erste Weihnachtsfest in Freiheit war ich auch allein. Ich wurde zwar von allen eingeladen, aber ich wollte für mich sein. Das Fest der Liebe, das war definitiv zu viel für mich. Ich konnte nicht mit den anderen feiern. Aber alle aus meiner Familie sind vorbeigekommen und haben mir Essen gebracht. Das habe ich natürlich gerne angenommen. Aber sie durften mir das Essen nur bis zur Tür bringen. Keiner durfte reinkommen.«

Was hat die Justiz dazu gesagt, dass Shorti seine Therapie vorzeitig beendet hat?

Shorti: »Im April habe ich mich in Hagen selbst entlassen. Etwa acht Monate später im Dezember hatte ich eine Anhörung vor Gericht in Bochum. Die Richterin wollte mit mir sprechen und es stand auch ein Bewährungswiderruf im Raum, da ich die Therapie eigenmächtig beendet habe. Aber ich hatte Arbeit, eine Wohnung und ich habe in der Zeit keine Straftaten mehr begangen. Diese Erfolge hat die Richterin gesehen, obwohl sie auch Bedenken hatte. Ich habe dann noch für ein Jahr die Auflage erhalten, eine ambulante Therapie zu machen und Gespräche mit meinem Bewährungshelfer wahrzunehmen.«

Und kam es zu einer ambulanten Therapie bei Shorti?

Shorti: »Ich habe mich bemüht, eine ambulante Therapie zu finden. Ich wurde aber nicht genommen, da ich schon eine stationäre Therapie gemacht habe. Es kam die Rückmeldung, dass ich anderen Patienten den Platz wegnehmen würde. Diese Mitteilung ging dann an das Gericht und es war dann auch okay so.«

Hat Shorti die Gespräche mit seinem Bewährungshelfer weiter genutzt?

Shorti: »Ja, ich habe die Gespräche mit meinem Bewährungshelfer genutzt. Und erst in dieser Zeit nach der JVA in Bochum und der Therapie in Hagen konnte ich mich wirklich auf die Gespräche mit ihm einlassen. Es war sogar so, dass mir die Gespräche mit meinem Bewährungshelfer guttaten, und ich gemerkt habe, dass es gut ist, vertraute Menschen zum Reden zu haben. Immerhin kannte ich ihn ja schon seit meinem vierzehnten Lebensjahr. Jetzt war ich dankbar für den Kontakt und das hat er, denke ich, auch gespürt.«

Für Shorti ist es eine wirklich gute und wichtige Erfahrung, dass er mit einem Menschen eine so gute Bindungserfahrung machen konnte. Auch wenn er dies erst mit Mitte zwanzig sehen und annehmen konnte, hat der Kontakt zu seinem Bewährungshelfer sicherlich auch dazu beigetragen, dass er in seinen Bindungserfahrungen und Bindungsmustern nachreifen konnte.

Wie ist es nach dem Jahr weitergegangen, als die Auflage erfüllt war?

Shorti: »Ich war ja dann frei und konnte alles, was mit der Justiz zu tun hatte, hinter mir lassen. Ich hatte keine Auflagen mehr und ich hatte keine Straftaten mehr begangen. Diese Kombination hat sich wirklich gut angefühlt. Ich war stolz auf mich selbst und ich hatte ein unglaublich gutes Gefühl von Freiheit in mir.«

17. Treffen: Ziele, Liebe und ein neues Leben

Es ist Freitag, Anfang August. Es ist ein brütend heißer Morgen, als ich in Remscheid ankomme. Shorti hat Urlaub und wirkt heute entspannt. Wir sitzen draußen im Schatten und »Bär« wird trotz Hitze und fortschreitendem Alter nicht ruhiger und muss alles im Blick haben. Shortis Sohn und seine Freundin sind zwischendurch auch immer mal dabei. Shorti hat sich ein neues Tattoo stechen lassen. Es ist der Name seines Sohnes mit Geburtsdatum. Ein für ihn sehr wichtiger Teil seines Lebens.

Ich möchte von ihm wissen, wie er es geschafft hat, die Jahre im Gefängnis und die Jahre in der Kriminalität hinter sich zu lassen.

Shorti: »Ich habe mir Stück für Stück ein neues Leben aufgebaut. Es war wirklich ein Schritt nach dem anderen. Man muss anfangen, kleine Schritte zu gehen. Wenn man sich gefestigt fühlt, kann man einen größeren Schritt machen. Ich wollte zudem wirklich wissen, wie es ist, anders zu leben. Ich war neugierig. Es war mir ein tiefes Bedürfnis und eine Sehnsucht, mir ein anderes Leben aufzubauen.

Ich habe mir vorgenommen, ein Ziel am Tag zu erledigen. Ich wollte mich nicht zu sehr unter Stress setzen. Ein Ziel war es zum Beispiel, arbeiten zu gehen. Was ich aber von Anfang an getan habe, war, früh aufzustehen. Manchmal war es um fünf Uhr, manchmal um sechs Uhr, aber spätestens um halb sieben Uhr. Ich wusste, wenn ich es nicht beibehalte, früh aufzustehen, dann könnte mein neues Leben wieder einreißen. Diese Struktur war elementar für mich.

Zudem habe ich gelernt, mich mit bestimmten Sachen abzufinden, zum Beispiel dass ich Lücken in meinem Lebenslauf habe, die ich potenziellen Arbeitgebern nicht erklären kann. Ich durfte lernen, dass nur ich mich verändern kann und nicht die Menschen um mich herum. Deshalb wusste ich, dass ich auch nur für mich die Verantwortung tragen kann und muss.«

Shorti hat viele Jahre mehr oder weniger intensiv Drogen konsumiert. Mitunter hatte er Phasen, in denen er exzessiv Amphetamine konsumiert hat. Als er entlassen wurde, sich unsicher gefühlt hat und nicht wusste, was ihn draußen alles erwartet, hatte er da das Bedürfnis, Drogen zu nehmen? Hat er möglicherweise Drogen konsumiert?

Shorti: »Ich hatte kurze Zeit nach meiner Entlassung einen Suchtdruck und das Bedürfnis, Amphetamine zu konsumieren. Aber ich habe es nicht getan. Es hätte mich nicht weitergebracht. Ich habe in den Augenblicken andere Lösungen für mich gefunden. Ich habe Spaghettieis gegessen, habe Sport gemacht oder mich abgelenkt. Der Suchtdruck war auch nur kurz. Er hat nie lange angedauert. Trotzdem ist auch dieser punktuelle Suchtdruck gefährlich, wenn man es nicht mitkriegt und zuordnet. Man muss es mitkriegen und dann bewusst entgegenwirken. So hat es bei mir zumindest immer funktioniert.
 Durch eine Struktur und dadurch, dass die Zeit vergeht, hat der Suchtdruck bei mir nachgelassen und war dann irgendwann komplett weg. Für mich war auch ganz klar, dass ich nie wieder konsumieren wollte. Ich wollte auch keinen Kontakt mehr zu Menschen haben, die konsumieren. Die Menschen hätten mich runtergezogen. Menschen, die selbst konsumieren, ziehen Nichtkonsumenten oder Menschen, die clean geworden sind, immer runter. Die sind oft nicht daran interessiert, dass es jemand schafft. Da steckt Neid dahinter, aber auch andere Bedürfnisse. Die schauen nur auf sich und denken nicht weiter.«

Welche Bedeutung haben Ziele für Shorti heute? Er hat jahrelang ohne langfristige und »gesunde« Ziele gelebt.

Shorti: »Ja, das stimmt. Es ging aber noch tiefer, als nur Ziele zu entwickeln. Ich wusste zum einen, dass ich eine Chance habe und dass es etwas Gutes in mir gibt, was nicht nur schlecht ist. Das habe ich durch die Therapie neu entdecken dürfen und es war mir vorher gar nicht klar. Ich dachte ja, dass ich nur schlecht bin. Ich habe es oft genug in meinem Leben gehört. Von meinen Eltern, der Schule … Ich habe zudem meinen Glauben gefunden und konnte viele Entscheidungen dadurch mit dem Herzen treffen, was auch wichtig war.

Ich wollte wissen, was ich erreichen kann. Ich wollte wissen, ob ich etwas erreichen kann, auch wenn ich vorbestraft bin und inhaftiert war. Stimmt es, dass alle dann sagen, dass das Leben dann vorbei ist und keiner mehr etwas erreichen kann? Diese Aussagen habe ich immer wieder gehört und mich mit den Fragen beschäftigt. Es hat mich interessiert und ich wollte mich neu entdecken. Ich hatte aber gleichzeitig eine große Unsicherheit und richtig Angst.

Es war eine Entdeckungsreise für mich. Ich wollte meine Ziele erreichen. Eine Arbeit haben, eine Wohnung haben, ehrlich mein Geld verdienen. Ich habe einfach nicht aufgegeben. Egal was war.«

Wie war das Gefühl für Shorti, wenn er ein Ziel erreicht hat? Konnte er sich darüber freuen und seinen Erfolg sehen und annehmen?

Shorti: »Anfangs war es immer okay. Wenn ich ein Ziel erreicht habe, habe ich es gesehen und angenommen, aber mehr auch nicht. Gefreut habe ich mich immer erst zwei, drei Tage später. Das war der Zeitpunkt, an dem ich meine Zielerreichung erst richtig realisiert habe. Ich konnte mich dann gut fühlen und ich war stolz auf mich. Ich habe mich dadurch stärker gefühlt. Es war und ist für mich sehr wichtig, auf eine ehrliche Art und Weise durch mein Leben zu gehen. Dazu gehört auch, dass ich mein Geld ehrlich verdiene, alles direkt erledige und nichts liegen lasse, dass ich mich an Regeln und Vorschriften halte. Ich würde zum Beispiel niemals über eine rote Ampel gehen.«

Das finde ich spannend. Früher hat Shorti keinerlei Regeln und Vorschriften beachtet und ernst genommen. Ich kann mich an eine Unterhaltung mit ihm erinnern, wo er einen Joint rauchend auf die Polizeiwache gegangen ist. Was gibt es ihm heute, wenn er sich an Regeln und Vorschriften hält?

Shorti: »Es gibt mir Sicherheit. Wenn ich Auto fahre und es dürfen fünfzig gefahren werden, dann fahre ich maximal einundfünfzig. Es ist mir egal, was andere denken. Wenn ich anderen Leuten zu langsam bin, dann sollen sie mich überholen.
    Es ist aber auch so, wenn ich über rot gehen würde, hätte ich sofort ein schlechtes Gewissen. Ich würde einen Film fahren und hätte die Sorge, dass ich eine Anzeige bekomme und dann wieder inhaftiert werden könnte, weil ich Regeln gebrochen habe. Das sitzt tief in mir drin.
    Ich denke zudem, wenn jemand nur kleine Regeln bricht, ist das nur der Anfang von einem Rattenschwanz und es werden noch mehr Regeln gebrochen. Es wird sich selbst schön geredet und dass es ja nicht so schlimm ist. Aber das ist es aus meiner Sicht schon. Es geht hier ums Prinzip. Es hat für mich auch wieder etwas mit Struktur zu tun und ich möchte ein Vorbild sein. Immerhin bin ich Vater.«

Shorti hat sich also Schritt für Schritt mit viel Nachdenken und Reflektieren ein neues Leben aufgebaut. Er konnte für sich entdecken, dass jemand, der inhaftiert war, es doch schaffen kann und sich ein gutes, selbstbestimmtes Leben aufbauen kann.

Shorti: »Ja. Ich hatte aber auch zwischendurch die Sorge, wenn es zu gut lief, dass irgendetwas passiert und irgendetwas kommt. Ich dachte immer, so perfekt kann es doch nicht laufen. Wann kommt die nächste Katastrophe? Ich habe mich dann in solchen Phasen zurückgezogen, ich musste nachdenken und alle Erlebnisse der letzten Tage genau durchgehen. Ich habe mich aber auch mitgeteilt und mit anderen Menschen darüber gesprochen. Auch das habe ich gelernt.
Du kannst dich nur ändern, wenn du es wirklich willst. Wenn du dich an Regeln hältst, dir eine Struktur aufbaust und dich von den falschen Leuten fernhältst.«

Wie hat Shorti denn neue Leute kennengelernt? Wie hat er sich ein neues Netzwerk an Menschen aufgebaut? Dies ist ja ein Punkt, an dem viele Menschen scheitern. Die meisten kommen nicht aus ihrem bisherigen Fahrwasser heraus, weil es sich oft sicher und vertraut anfühlt.

Shorti: »Die erste Zeit habe ich viel mit meiner Schwester gemacht, die ja ganz anders gelebt hat als ich. Ich habe auch mit ihrem Freundeskreis oft etwas unternommen, was okay war. Hier war dann schon mal der erste Schritt getan.
Nachdem ich etliche Monate in Freiheit gelebt und mir schon etwas aufgebaut habe, habe ich dann meine jetzige Freundin Jay kennengelernt. Wir kannten uns schon seit unserem vierzehnten Lebensjahr, haben uns dann aus den Augen verloren und schließlich hat sie mich über MeinVZ angeschrieben. Wir haben uns getroffen, neu kennengelernt und sind dann zusammengekommen.
Es war wirklich sehr schwer für mich, einen Menschen so

nah an mich heranzulassen. Ich habe sie oft weggestoßen, da ich die Nähe und Geborgenheit nicht kannte und stellenweise überhaupt nicht aushalten konnte. Ich war überfordert und es hat sich auch gefährlich für mich angefühlt. Ich hatte Angst, dass ich meine Mauer verliere, die ich mir hart aufgebaut habe. Ich hatte Angst, mit der Mauer auch meinen Halt zu verlieren und verletzt zu werden.

Wir haben es dennoch zu zweit geschafft. Sie hat nicht aufgegeben und ich auch nicht. Jetzt sind wir über acht Jahre zusammen und werden im Herbst heiraten. Durch sie habe ich auch einen neuen Freundeskreis kennengelernt. Hier haben sich mit der Zeit wirklich gute Freundschaften entwickelt.«

Ich möchte nun natürlich von Shortis Freundin Jay wissen, warum sie an Shorti drangeblieben ist und nicht aufgegeben hat. Warum hat sie sich nicht einen Mann gesucht, der unkomplizierter ist?

Jay: »Erstens war für mich klar, dass Shortis Vergangenheit vergangen ist und keine Rolle für mich spielt. Es war mir nur wichtig, dass Shorti in der Zukunft keinen Scheiß mehr baut und das ist auch nicht eingetreten. Zudem hat er meinen Ehrgeiz geweckt. Ich wollte einfach an ihm dranbleiben, obwohl mir viele davon abgeraten haben. Aber ich habe mich davon nicht abschrecken lassen und habe recht behalten. Viele haben mir gesagt, dass sich Shorti wegen mir verändert hat. Aber das stimmt nicht. Wir sind ja erst Monate nach seiner Entlassung zusammengekommen. Alles, was er bis dahin hatte, hat er sich selbst aufgebaut und hart erarbeitet, weil er es für sich wollte.

Ich habe ja zu dem Zeitpunkt auch einen Sohn mit in die Beziehung gebracht. Es war ganz klar für mich, dass die Beziehung mit Shorti nur Bestand haben kann, wenn er das akzeptiert und nicht mehr straffällig wird. Andernfalls wäre sofort Schluss gewesen.«

Shorti: »Ich wollte natürlich auch Jay und ihrem Sohn gerecht werden. Für mich war klar, wenn ich Jay lieben kann, dann kann ich auch ihren Sohn lieben. Wir sind dann einfach drangeblieben und haben uns gemeinsam entwickelt.«

Es ist natürlich spannend zu erfahren, was Shorti sich Schritt für Schritt aufgebaut hat und wie er heute lebt?

Shorti: »Ich habe mir viel aufgebaut und lebe gut. Ich gehe arbeiten, ich habe Struktur, ein Familienleben und Jay und ich haben noch ein gemeinsames Kind, unseren Sohn bekommen. Ich habe ein Hobby und mache viel Sport in meiner Freizeit.

Nach meiner Entlassung habe ich in der ersten Zeit Hilfsjobs gehabt, die auch gut und wichtig für mich waren. Mein Vater hat mir dann den Einstieg in mein heutiges Berufsleben ermöglicht. Er hat mich in den Betrieb geholt, wo er selbst gearbeitet hat. Dort habe ich eine innerbetriebliche Ausbildung gemacht und sechs Jahre in dem Betrieb gearbeitet.

Alles, was ich gelernt und erreicht habe, habe ich geschafft, weil ich es wollte und drangeblieben bin.

Ich habe sehr gerne in meiner alten Firma gearbeitet. Irgendwann wurde die Situation mit dem neuen Chef aber schwierig. Er hat seine Mitarbeiter nicht gut behandelt. Ich habe dann dort gekündigt, weil ich mich nicht so behandeln lassen wollte. Durch meinen Vater bin ich in meine jetzige Firma gekommen. Hier habe ich nach drei Wochen einen Festvertrag bekommen. Ich habe hier meine Ruhe und kann gut arbeiten. Ich liebe meine Arbeit. Es ist mein Traumjob. Ich habe jetzt das Ziel meinen Techniker zu machen und dann meinen Meister. Meine neue Firma unterstützt mich hier sehr.«

Das sind super Schritte, von denen die meisten Menschen sagen würden, dass sie Ähnliches auch für sich erreichen möchten. Shorti hat dies eigenständig mit viel Ausdauer und Kontinuität geschafft. Ich möchte wissen, ob es auch Situationen für Shorti gab, in denen er am liebsten aufgegeben hätte.

Shorti: »O ja. Was für mich sehr schwierig war, war, meinen Führerschein zu machen. Dadurch dass ich in inhaftiert war und vorbestraft bin, konnte ich nicht einfach so in eine Fahrschule gehen und den Führerschein machen.
Ich musste zwei MPU-Prüfungen (Medizinisch-psychologische Untersuchung) und über zwölf Monate Drogenscreenings machen. Ein Drogenscreening im Monat. Die ersten zehn wurden von der Behörde nicht anerkannt, da ich diese bei meinem Hausarzt habe machen lassen und nicht bei dem Arzt, der vom Amt vorgegeben wurde. Obwohl sie negativ waren. Das bedeutete, ich musste noch mal von vorne anfangen und die Screenings noch mal neu bei dem vorgegebenen Amtsarzt machen lassen. Das hat natürlich viel Zeit gekostet, aber auch viel Geld. Ein Drogenscreening kostet 120 Euro. Zudem musste ich noch das große polizeiliche Führungszeugnis vorlegen.
Ich musste auch noch eine Geldstrafe von 3.000 Euro zahlen, weil ich in meiner Zeit vor der JVA Bochum, als ich zwischendurch frei war, ohne Führerschein gefahren bin. Das war auch alles in meiner Akte vermerkt und nicht vergessen.
Die erste MPU habe ich nicht bestanden und musste dann eine zweite MPU machen, wo ich zusätzlich eine Haaranalyse abgeben musste.
Es war sehr zäh und hat mich oft frustriert. Teuer war es

auch. Die Drogenscreenings haben mich 2.640 Euro gekostet, die erste MPU hat mich 600 Euro, die zweite MPU hat 1.700 Euro gekostet. Zusätzlich kamen noch die Kosten für das polizeiliche Führungszeugnis und für die Fahrschule hinzu. Bei der Fahrschule durfte ich mich erst anmelden, als die Drogenscreenings anerkannt wurden und die MPU-Prüfung bestanden war. Es war ein Prozess, der sich über vier Jahre gezogen hat.

Ich war hier öfter mal kurz davor, aufzugeben, aber ich habe es nicht getan. Ich habe zum Glück auch viel Zuspruch von meiner Freundin und aus meinem Umfeld bekommen. Aber es war zwischendurch echt richtig hart für mich.

Als ich dann den Führerschein endlich bestanden habe, hat es sich angefühlt wie ein Sechser im Lotto. Ich habe wieder etwas geschafft, ich habe nicht aufgegeben, obwohl ich gezweifelt habe.

Erst vor Kurzem haben wir uns ein zweites Auto gekauft. Jetzt haben sowohl meine Freundin als auch ich ein Auto und sind viel flexibler. Es ist schon ein richtig gutes Gefühl. Das habe ich geschafft, weil ich diese Durststrecken aushalten konnte und ehrlich für mein Geld arbeiten gehe.

Man darf nicht vergessen, wo man herkommt und wo man jetzt ist. Mir hilft es, meine Entscheidungen zu treffen. Wo will ich hin und wo will ich nicht mehr hin?

Hätte ich dieses Bewusstsein nicht, dann wüsste ich nicht, wie es jetzt ist und was ich alles erreichen konnte. Ich denke, dass es viele Menschen gibt, die nicht darüber nachdenken oder einfach dem Vertrauten folgen. Aber so ist die Gefahr hoch, wieder in alte Muster zu fallen. Und dann beginnt die Spirale von vorne.

Rückschritte gehören dazu, aber es geht darum, sich ständig selbst zu hinterfragen und zu schauen, wo will ich hin. Dann kann man es auch schaffen.«

18. Treffen: Umgang mit Provokationen

Es ist Ende August an einem Freitagmittag, an dem wir uns wie gewohnt in Shortis Wohnung in Remscheid treffen.

Es ist relativ ruhig und wir haben Zeit, weiterzuarbeiten. Sowohl Shorti als auch ich hatten Urlaub und müssen uns erst wieder an den Arbeitsalltag gewöhnen.

Shorti fängt direkt an zu erzählen: »Es war ganz interessant. Als ich Urlaub hatte, hatte ich viel mehr Zeit als sonst und bin öfter in die Stadt gegangen. Ich habe dort zufällig alte Bekannte getroffen, mit denen ich mich belanglos unterhalten habe. Ich habe selbst durch die Gespräche, die ja nur kurz waren, deutlich gespürt, dass es mich runterzieht und mir nicht guttut. Ich habe mich schnell abgegrenzt und die Distanz gesucht. Dabei habe ich noch mal gemerkt, dass man sich immer wieder entscheiden muss, was man möchte, und dass man daran arbeiten muss. Es ist nicht leicht, sich zu verändern, es ist der anstrengendere Weg, der aber letztlich mehr Glück und Zufriedenheit bringt.«

Ich frage Shorti, ob seine Arbeitskollegen über seine Vergangenheit informiert sind.

Shorti: »Ich habe ihnen aus Selbstschutz bewusst nichts gesagt. Ich möchte als Mensch wahrgenommen werden und nicht als Knacki, der jahrelang im Gefängnis saß. Ich befürchte, ich könnte sonst in eine Schublade gesteckt werden. Angenommen, es würde irgendwann mal etwas geklaut werden. Ich wäre sofort der Erste, der verdächtigt werden würde, auch wenn ich es nicht war. Zudem schäme ich mich auch wegen meiner Vergangenheit und ich möchte mich auf der Arbeit nicht erklären oder rechtfertigen müssen.«

Shortis Erklärungen finde ich sehr nachvollziehbar. Menschen werden oft in Schubladen gesteckt oder bekommen bestimmte Rollen zugewiesen, aus denen sie dann nicht mehr herauskommen. Dass Shorti einfach nur als normaler Mitarbeiter wahrgenommen werden möchte, der nicht immer mit seiner Vergangenheit in Verbindung gebracht wird, ist deshalb verständlich.

Ich möchte wissen, wie er seit seiner Entlassung mit Provokationen umgegangen ist. Provokationen und Beleidigungen sind oft Auslöser für Schlägereien. Die Kontrahenten versuchen, sich gegenseitig ihre Ehre und Würde zu nehmen. Viele denken leider fälschlicherweise immer noch, dass Respekt und Ehre nur durch eine Schlägerei wiederhergestellt werden können.

Shorti: »Seit meiner Entlassung wurde ich oft provoziert. Es war nicht immer leicht und es gab Situationen, wo ich echt mit mir kämpfen musste, aber ich habe zum einen die Konsequenzen im Kopf gehabt, nämlich einen erneuten Freiheitsentzug, und zum anderen wollte ich mich ja verändern.
    Es gab eine Situation, da hat mich ein anderer Typ bewusst angerempelt. Seine Kollegen und auch ein paar Mädels waren mit dabei. Er wollte Stress. Ich habe dann so reagiert, dass ich ihm gesagt habe, dass er viel stärker ist, ich Angst vor ihm habe und ich keinen Stress möchte.
    Es hat funktioniert und wir haben uns nicht geschlagen. Allerdings habe ich mich danach auch erstmal wirklich schlecht und schwach gefühlt, weil ich ja eigentlich gar nicht so bin. Aber ich habe es geschafft, mich einfach umzudrehen und wegzugehen. Im Nachhinein ist mir erst bewusst geworden,

dass der andere blöd dastand und nicht ich. Aber dieser Gedanke kam erst etwas später.

Dennoch, ich wollte lernen und ich habe gelernt, dass Konflikte auch ohne Gewalt zu lösen sind und dass ich das auch kann. Allerdings muss ich auch eingestehen, dass ich auch in solchen Situationen in einer Zwickmühle war und dann blitzschnell entscheiden musste, wie ich reagiere. Und in dieser Situation konnte ich mich entscheiden, einfach keinen Stress zu wollen.

Ich will keine Gewalt mehr ausüben. Wahrscheinlich hätte ich mich in dieser Situation auch schlagen lassen und hätte danach die Polizei gerufen.

Das Interesse daran, sich zu schlagen, ist bei mir komplett verschwunden. Ich muss mich nicht mehr beweisen.«

Ich frage Shorti, wie er auf Wörter wie »Hurensohn« früher reagiert hätte und was das Wort heute für ihn bedeutet. Wenn Jugendliche sich untereinander so ansprechen, ist es oft ein Code dafür, dass sie sich eigentlich nur schlagen wollen.

Shorti: »Früher habe ich bei so einer Beleidigung sofort zugeschlagen. Niemand durfte meine Familie beleidigen. Das konnte ich nicht aushalten. Wenn ich so darüber nachdenke, weiß ich gar nicht wieso. Heute ist es mir komplett egal. Da stehe ich drüber. Es hat keine Bedeutung mehr für mich. Ich würde wegen eines Wortes wie Hurensohn auf keinen Fall mehr Gewalt ausüben.«

Ich frage Shorti, was er glaubt, wie Jugendliche mit Provokationen umgehen können, ohne einen Gesichtsverlust zu erleiden.

Shorti: »Als Erstes müssen sie eine bewusste Entscheidung treffen, ob sie sich provozieren lassen wollen oder nicht.

Dann muss ein gewisses Maß an Vernunft reifen. Wenn das nicht da ist, wird es schnell schwierig. Ebenso können Jugendliche lernen, ein Gespür dafür zu entwickeln, wann Situationen schnell auf Gewalt hinauslaufen können, und dass sie den Verlauf natürlich mit beeinflussen. Ebenso kommen Konsequenzen von der Justiz, wenn eine Anzeige folgt. Und wichtig finde ich auch, dass die Jugendlichen verstehen, dass sie ihre Mutter nicht mehr beschützen können, wenn sie wegen einem Wort wie Hurensohn eine Körperverletzung begehen und dann im Knast landen.

Man muss sich selbst die Erlaubnis geben, dass man sich schwach fühlen darf, dass es Sinn macht, in manchen Situationen nachzugeben und sich sogar unterzuordnen, und versuchen, es irgendwie anders zu machen, was natürlich nicht leicht ist.

Du musst dich eben ändern wollen, sonst funktioniert es nicht. Früher dachte ich, dass die Leute es cool finden, wenn man sich prügelt. Aber heute finde ich es gar nicht mehr cool. Im Gegenteil, ich möchte keine Gewalt mehr ausüben. Heute brauche ich die Gewalt nicht mehr, um mich gut zu fühlen. Heute weiß ich, dass ich mich umdrehen und weggehen kann, wenn ich blöd angemacht und provoziert werde. Läuft mir jemand nach, rufe ich eben die Polizei.

Das größte Problem sind oft die sogenannten Freunde, die so eine Situation anheizen und aufstacheln. Zu achtzig Prozent sorgen sie somit dafür, dass zugeschlagen wird.

Ich hatte auch mal eine Situation, wo mich ein Typ blöd angemacht hat und ich ihm ruhig und lustig erzählt habe, welche juristischen Konsequenzen es für ihn haben wird, wenn er mich jetzt schlägt. Dass ich dann die Polizei rufe, eine Anzeige mache, Schmerzensgeld einklagen werde. Der hat gar nicht damit gerechnet, dass ich ihm so einen Vortrag halte und er war auch sichtlich verunsichert, sodass die Situation auch nicht eskaliert ist.«

Shorti hat schon häufiger Trainings von mir und meinen Kollegen besucht und den Teilnehmern dort von seinem Leben und seinen Erfahrungen im Gefängnis berichtet.

Ich frage Shorti, welche Beobachtungen er in unseren Trainings gemacht hat.

Shorti: »Viele der Teilnehmer sind überhaupt nicht in der Lage, im Team zu arbeiten. Die Jungs arbeiten oft gegeneinander, sie drücken sich Sprüche rein und suchen in den Pausen Möglichkeiten, sich untereinander fertigzumachen. So funktioniert ihre Welt ja auch draußen und das ist die Hackordnung, die sie kennen. Viele plustern sich auf und versuchen, sich durch ihre Körpersprache groß zu machen. In der Gruppe allerdings sind sie oft angepasst, interessiert und sie hören auch zu.

Ich denke, dass so ein Training eine gute Sache ist. Die Voraussetzung ist jedoch, dass jemand sich darauf einlassen möchte. Sie erfahren hier Unterstützung, Erziehung und sie können lernen, zu vertrauen.

Wenn die Jungs das Training als Chance sehen, können sie wirklich etwas mitnehmen und an sich arbeiten. Wenn sie sehen, dass sie etwas in ihrem Leben verändern und umsetzen können, entsteht vielleicht auch ein Gefühl der Dankbarkeit.

Ich finde es sehr wichtig, dass Kindern, Jugendlichen und jungen Erwachsenen Angebote gemacht werden. Resozialisierung ist genauso wichtig wie Trainings oder ein Bootcamp. Was nur gar nicht geht, finde ich, ist, dass vierzehnjährige Jugendliche ohne vorheriges Angebot in den Knast gesteckt werden. Jemanden so jung wegzusperren, das ist der falsche Weg.«

Shorti wirkt plötzlich traurig und verletzt. Erinnerungen kommen hoch.

Er spricht weiter: »Ich hätte den Wunsch gehabt, an einem Anti-Gewalt-Training oder an einem Bootcamp mitzuwirken. Vielleicht hätte es auch geklappt, wenn ich die Chance und die Auflage bekommen hätte. Das denke ich zumindest heute.

Ich finde es sinnvoll, dass auch Konsequenzen und Sanktionen von der Justiz verteilt werden, aber die Reihenfolge stimmt nicht. Erst sollte ein Angebot in Richtung Resozialisierung erfolgen. Wenn das nicht greift, wäre erst der zweite oder der dritte Weg das Gefängnis. Ich wurde zum Beispiel inhaftiert, bevor mir ein anderes Angebot gemacht wurde. Ich hätte es mir anders gewünscht, auch wenn es vielleicht gar nicht anders gelaufen wäre. Vielleicht habe ich den Weg über das Gefängnis auch gebraucht.

Heute denke ich, dass Jugendliche noch mal anders erreicht werden sollten als Erwachsene. Ich kann aus eigener Erfahrung sagen, dass das Risiko im Gefängnis sehr hoch ist, dass Jugendliche dort lernen, wie sie noch krimineller werden können. Sie werden im Gefängnis definitiv auf einen noch schlechteren Weg gebracht.«

19. Treffen: Reflexionstreffen

Es ist Ende September, und wir nähern uns langsam dem Ende unseres Buchprojekts.

Neunzehn Treffen verteilt über zwei Jahre, 2150,8 Kilometer Fahrt für mich, viele ungezählte Stunden am Laptop – viel Arbeit und Herzblut wurde von uns beiden investiert.

Das Treffen heute ist als ein Reflexionstreffen geplant.

Wir treffen uns Samstagvormittag in Remscheid. Shorti steht kurz vor seiner Hochzeit mit Jay. Langsam wird es stressig ... Wir haben dennoch genügend Ruhe zum Reden und Shortis kleiner Sohn darf ausnahmsweise etwas länger fernsehen als sonst.

Ich frage Shorti, was seine Wünsche für die Zukunft sind.

Shorti: »Ich hoffe natürlich, dass meine Familie gesund bleibt, dass für mich alles so bleibt, wie es jetzt ist. Ich möchte als Nächstes eine Wohnung kaufen. Beruflich möchte ich meinen Techniker und meinen Meister machen. Ich möchte mich weiterentwickeln.

Gesellschaftlich würde ich mir wünschen, dass die Menschen anfangen, mehr miteinander zu arbeiten, nicht gegeneinander.

Ich würde gerne Menschen helfen und sie durch meine Geschichte erreichen. Wenn ich an die Trainings von dir denke, in denen ich von meiner Geschichte erzählt habe, so haben mich einige der Teilnehmer schon berührt. Wenn ich es schaffe, durch meine Geschichte nur ein oder zwei Kinder oder Jugendliche zu erreichen, bin ich dankbar.«

Ich frage Shorti, was ihm heute Kraft gibt.

Shorti: »Meine Familie, mein Glaube, mein Kampfgeist und mein Wille.«

Ich möchte von Shorti wissen, was Freundschaft heute für ihn bedeutet.

Shorti: »Freundschaft bedeutet heute für mich, vertrauen zu können und füreinander da zu sein. Ich kann mit meinen Freunden gemeinsam lachen und auch traurig sein. Ich verstehe unter Freundschaft, dass man sich gegenseitig das Gefühl gibt, füreinander wichtig zu sein. Ich habe aktuell zwei richtig gute Freunde und ein dritter kommt gerade in unsere Clique dazu. Wir gehen ehrlich, offen und direkt miteinander um.«

Ich frage Shorti, was sich für ihn durch unsere gemeinsamen Treffen verändert hat.

Shorti: »Vieles. Die Treffen haben neue Türen bei mir geöffnet und mich zum Nachdenken angeregt. Ich konnte manche Themen nachbearbeiten, was ich gut fand.
Ich habe über mich selbst gelernt, dass es überhaupt nicht okay war, andere Menschen so zu verletzen, wie ich es getan habe. Heute wäre ich auch in der Lage, mich zu entschuldigen. Das wäre vorher auf keinen Fall so gewesen.
Ich habe viel Revue passieren lassen. Die Zeit im Gefängnis, die Therapie. Ich habe noch mal gemerkt, wie schwer dieser Weg für mich war und dass ich heute stolz auf mich sein kann.
Ich weiß, dass es nicht leicht ist, sich zu verändern. Man muss es wollen. Man darf nicht aufgeben. Man muss auf sich selbst schauen und Verantwortung übernehmen.

Das gemeinsame Buchprojekt hat mich stärker gemacht. Wie war es denn für dich?«

Für mich war es eine interessante Zeit. Ich habe anhand von Shortis Biografie noch einmal verstanden, dass er eine unglaublich tiefe innere Not hatte und zum damaligen Zeitpunkt für sich zur Gewalt greifen musste, um sein eigenes emotionales Überleben zu sichern und sich selbst zu stabilisieren. Die Ausübung von Gewalt erfüllt also auch immer Funktionen. Gleichzeitig ist es natürlich nicht okay, andere Menschen für die eigene Bedürfnisbefriedigung durch Gewalt zu verletzen.

Er sah zum damaligen Zeitpunkt für sich keine anderen Handlungsmöglichkeiten. Gewalt war ihm auch durch die Familie vertraut.

Ich empfand es als gewinnbringend, dass auch zwischen uns Konflikte aufgetreten sind und dass wir diese klären konnten.

Ich habe verstanden, dass ihm schon als Kind so viel gefehlt hat und er viele Jahre allein und verunsichert war. Er konnte das erst als junger Erwachsener aufarbeiten, als es schon fast zu spät für ihn war und die Sicherheitsverwahrung schon vor der Türe stand. Er hat diese Zeit wahrscheinlich einfach für sich gebraucht.

Ich freue mich, dass er es geschafft hat, Verantwortung für sich zu übernehmen, und eine Entscheidung getroffen hat. Nämlich keine Gewalt mehr auszuüben.

Ich denke, dass der Schlüssel darin liegt, für sich selbst und für das eigene Leben kompromisslos Verantwortung zu übernehmen und diese nicht auf andere Menschen abzuwälzen. Und ich denke, dass es gut ist, auf diesem Weg auch professionell durch Helfer begleitet zu werden.

Trotz seiner heftigen und belastenden Geschichte ist Shorti nun schon viele Jahre ein Mann, der mitten im Leben steht und der es geschafft hat. Ich denke auch, dass er sehr stolz auf sich sein kann.

Ich möchte von Shorti noch einmal wissen, was Gewalt heute für ihn bedeutet.

Shorti: »Gewalt ist heute ein Zeichen der Schwäche für mich. Man sollte nachdenken und sich andere Wege suchen, um seine Probleme zu lösen. Heute brauche ich die Gewalt nicht mehr.«

20. Treffen: Der ehemalige Bewährungshelfer erzählt

Es ist ein sehr ungemütlicher und verregneter Freitag Anfang Dezember, als wir uns am späten Nachmittag noch mal nach zweieinhalb Monaten bei Shorti treffen.

Shorti, seine Frau Jay und sein ehemaliger Bewährungshelfer Klaus Priestersbach sind schon im Gespräch, als ich mit etwas Verspätung dazukomme. Bei Kerzenschein, Tee und Wasser sitzen wir zusammen. Die Stimmung ist entspannt und wir alle hören gespannt zu, als der Bewährungshelfer anfängt zu sprechen.

Klaus: »Ich hatte erst, kurz bevor ich Shorti kennenlernte, angefangen, in der Bewährungshilfe in Remscheid zu arbeiten. Er war vierzehn Jahre alt, als ich ihn kennenlernte. Wenn ich mich so zurückerinnere, kann ich sagen, dass er mich ganz schön in Atem gehalten hat.

Mein erster Eindruck von ihm war, dass er erstmal auf alles scheißt, was ich ihm angeboten habe. Er hat nichts angenommen. Er hat oft das Gegenteil von dem gemacht, was ich ihm geraten habe.

Abgesehen davon, dass Shorti mein jüngster Klient war, mochte ich ihn auch und bin wahrscheinlich deshalb auch so lange an ihm drangeblieben. Drei Hausbesuche sind mir zu Beginn noch besonders in Erinnerung geblieben.

Beim ersten Hausbesuch saß sein Vater sturzbetrunken im Feinripp im Sessel und hat milde gesagt einfach nur rumgeblökt. Es war kaum ein Gespräch möglich. Der zweite Hausbesuch war wesentlich entspannter und hat bei den Omas von Shorti stattgefunden. Es gab Kaffee und beide Omas haben sehr für Shorti geworben und was für ein lieber Junge er doch sei. Sie haben sich sehr für ihn positioniert. Ich weiß, dass die Omas lange Zeit der einzige Halt für ihn waren. Der dritte Hausbesuch hat in der Wohnung der Mutter stattgefunden. Shorti wurde kurz vorher aus der JVA Siegburg entlassen und hat bei ihr gelebt. Ein Kumpel von ihm, ebenfalls ein polizeibekannter junger Mann, war auch dabei. Die Mutter wirkte mit der ganzen Situation überfordert. Shorti war hier nur ein paar Wochen in Freiheit. Er hat sofort wieder Straftaten begangen.

Ich kann sagen, dass Shorti in dieser Zeit überhaupt nicht zu erreichen war. Sein Drogenkonsum spielte auch ein Rolle bei den ganzen Körperverletzungen, die er begangen hat. Auch die Einrichtung in Bochum, die Pappschachtel, eine Einrichtung für junge straffällige Männer, ist leider gescheitert. Das war ein sehr kurzes Zwischenspiel.

Obwohl es etliche Situationen gab, in denen Shorti mir einfach nur graue Haare hinterlassen hat, bin ich an ihm drangeblieben. Ich habe ihm oft hinterhertelefoniert, habe mir Gedanken gemacht, was ich für ihn tun kann, habe versucht, faire Stellungnahmen für ihn zu schreiben und hatte die Hoffnung, dass es irgendwann bei ihm klick macht.

Als er noch jünger war, war er auch kurzzeitig in einer stationären Maßnahme. Ich habe ihn dort ein Wochenende besucht und Fußball mit ihm gespielt. Es war ein schönes Wochenende, aber Shorti hat die Maßnahme nicht angenommen. Es waren Phasen, wo ich viel Zeit und Kraft in ihn investiert habe und er es einfach nicht angenommen hat. Das war frustrierend.

Shorti hatte auch von Anfang an einen sehr großen Schutzwall um sich herum aufgebaut. Ich habe öfter darüber nachgedacht, warum ich Shorti nicht aufgegeben habe und so hartnäckig an ihm drangeblieben bin. Ich mochte Shorti zum einen, zum anderen gab es auch Parallelen zu meinem eigenen Leben. Ich hatte nur das Glück, dass ich zum richtigen Zeitpunkt die richtigen Leute um mich hatte und einen anderen Weg gegangen bin. Aber das kann manchmal ein schmaler Grat sein. Ich hatte Glück.

Zudem wusste ich auch, dass er noch sehr jung war und seine Eltern beide nicht für ihn da waren. Sie konnten ihm nicht das geben, was er gebraucht hätte.

Dann hat es ja endlich eine Veränderung bei Shorti gegeben, nachdem er das letzte Mal inhaftiert war und die Therapievorbereitung in Bochum gemacht hat. Ich finde, dass die Therapie schon zu spät für Shorti kam, aber es hat zum Glück noch gefruchtet. Er war endlich auf dem richtigen Weg und konnte die Hilfe zulassen.

Ich durfte ihm in meiner Funktion als Sozialarbeiter näherkommen.

Ich denke auch, dass Shortis Frau einen großen Einfluss hatte. Sie hat ihm Halt gegeben und ihm auch mal in den Arsch getreten. Das hat er gebraucht.

Ich kann mich noch an einen der letzten Hausbesuche erinnern, der vierte Hausbesuch. Shorti war entlassen worden nach seiner letzten Inhaftierung und der Therapie. Er wohnte mit seiner jetzigen Frau zusammen und hat mir stolz seine neuen Möbel gezeigt.«

Jay: »Dass Shorti einen Schutzwall hatte, der schwer zu durchbrechen war, kann ich nur bestätigen. Es war für mich sehr schwierig, überhaupt an ihn ranzukommen. Immer wenn etwas Nähe entstanden ist, hat er sich verändert. Er hat mich zum Beispiel oft nachts rausgeworfen, weil es ihm plötzlich zu nah wurde. Das muss man sich mal vorstellen! Aber ich bin trotzdem an ihm drangeblieben. Es hat mich irgendwie auch gereizt. Schritt für Schritt hat er sich dann verändert und die Nähe zugelassen.

Mir war seine Vergangenheit auch egal. Jeder hat eine zweite Chance verdient. Mir war nur wichtig, dass er in der

Zukunft keine Straftaten mehr begeht. Das habe ich ihm immer wieder gesagt. Ich wäre dann weggewesen und hätte die Beziehung beendet. Hier habe ich eine Null-Toleranz-Zone. Ich bin immerhin auch Mutter und muss meine Kinder schützen.«

Klaus: »Ja, Shorti war emotional schwer zu erreichen. Gefühle hat er nur zugelassen und gezeigt, wenn es um seine Omas ging.

Shorti hat die Termine mit mir im Großen und Ganzen schon wahrgenommen. Er hat auch offen über seine Straftaten gesprochen. Er wollte Hilfe dabei und wollte keine Konsequenzen erfahren. Sein Verhalten hat er jedoch lange Zeit nicht verändert. Dabei hat er sich mir gegenüber immer respektvoll verhalten.

Bei den Richtern war dies nicht immer so. Die Richter waren überhaupt nicht begeistert, Shorti immer wieder vor Gericht zu sehen. Er hat auch ihnen ganz schön viel Arbeit gemacht.

Rückblickend kann ich sagen, dass er schon vor dem vierzehnten Lebensjahr so viele Anzeigen gesammelt hat, dass er mit vierzehn Jahren direkt in das Intensivstraftäterprogramm gekommen ist und ich ihm schon in diesem Alter in der Funktion als Bewährungshelfer zur Seite gestellt wurde. Er hat zudem direkt eine Jugendstrafe erhalten, weil es nicht mehr anders ging. Seine Straftaten waren wirklich heftig. Er war hier unter den Top drei der Intensivstraftäter, die jemals in Remscheid registriert waren.

Umso mehr freue ich mich, dass er den Absprung aus der kriminellen Karriere geschafft hat und heute ein gutes und zufriedenes Leben führt.

Ich hatte dann vor ein paar Jahren die Idee, Shorti zu den Trainings für straffällig gewordene Jugendliche einzuladen, damit er den Jugendlichen von sich berichten kann. Shorti hat selbst so viele Körperverletzungen begangen, dass er direkt als einer von den Jugendlichen akzeptiert und angenommen wird.

Es war eine gute Entscheidung. Shorti kommt gut bei den Jungen an, gibt ihnen ein realistisches Feedback und erzählt offen und ehrlich von sich. Er erfährt direkt Respekt, und die Jugendlichen können eine Menge von Shortis Geschichte mitnehmen.«

Shorti, der die ganze Zeit sehr aufmerksam zugehört hat, schildert noch einmal seine Wahrnehmung zur Zusammenarbeit mit seinem Bewährungshelfer.

Shorti: »Wenn ich so darüber nachdenke, war mein Bewährungshelfer die ganze Zeit ein wichtiger Anlaufpunkt für mich. Ich habe wirklich Respekt davor, dass er mich nicht fallengelassen hat und immer weiter drangeblieben ist und es mit mir ausgehalten hat.

Irgendwann habe ich gemerkt, dass das Interesse an mir und meiner Person ehrlich und aufrichtig ist und dass mein Bewährungshelfer nicht nur seinen Job macht. So ist über die Jahre hinweg eine zwischenmenschliche Beziehung entstanden.

Mein Bewährungshelfer spielt eine wichtige Rolle in meinem Leben. Mir war es auch sehr wichtig, dass er zu meiner Hochzeit im Oktober kommt.

Ich bin einfach nur froh, dass ich es geschafft habe und heute nicht mehr gewalttätig bin.

Das habe ich auch den Menschen zu verdanken, die mich nicht aufgegeben haben.«